westermann

EinFach Geschichte
...unterrichten

Das alte Ägypten

Im Land der Pharaonen

Erarbeitet von
Anna Katharina Klein-Mahr
und Oliver Satter

Herausgegeben von
Marco Anniser und
Oliver Satter

Bildquellenverzeichnis

|Alamy Stock Photo, Abingdon/Oxfordshire: Anton Shaparenko / Alamy Vektorgrafik 75.8; Aslanturk, Yilmaz / Alamy Vektorgrafik 75.10; Gnˍchwitz, Bastian / Alamy Vektorgrafik 75.14; iconim / Alamy Vektorgrafik 75.9; Jemastock / Alamy Vektorgrafik 75.5; Oleksii Afanasiev / Alamy Vektorgrafik 75.6; Ramos, Giuseppe / Alamy Vektorgrafik 75.3, 75.15, 75.18, 78.3; Romanovska, Liudmyla / Alamy Vektorgrafik 75.1, 75.16, 78.2; TukTuk Design / Alamy Vektorgrafik 75.13; Velasquez, Diana Johanna / Alamy Vektorgrafik 75.2, 75.4, 75.7, 75.11, 75.17, 78.1; YAY Media AS / Alamy Vektorgrafik 75.12. |Alamy Stock Photo (RMB), Abingdon/Oxfordshire: Barrett, Norman 31.2, 32.2, 37.1; Dirscherl, Reinhard 31.1, 32.1; Horree, Peter 60.1; Ivy Close Images 37.2; Lanmas 45.2; Martin Thomas Photography 52.2; MediaWorldImages 52.1; Morgan, Geoffrey 31.3, 32.3; Weaver, Robin 45.4; xPACIFICA 45.3. |Berghahn, Matthias, Bielefeld: 11.1, 12.1, 48.1. |Domke, Franz-Josef, Wunstorf: 57.1, 61.1, 62.1, 67.1, 67.2, 68.1. |Georg Olms AG Verlag, Hildesheim: Sabine Wierlemann: Das Geheimnis des Pharaos. Eine Zeitreise zu den alten ƒgyptern. Mit Illustrationen von Christoph Clasen. Hildesheim, Olms Verlag, 2018. ISBN 978-3-487-08879-2 63.1. |Getty Images, Mˍnchen: Radius Images 59.1. |Grubing, Timo, Bochum: 14.1, 14.2, 14.3, 15.1. |Rudel, Leona, Landau in der Pfalz: 13.1, 18.1, 18.2, 29.1, 30.1, 33.1, 34.1, 35.1, 36.1, 50.1, 50.2, 50.3, 50.4, 76.2, 76.3, 90.1, 91.1, 92.1, 93.1, 101.1, 101.2, 101.3, 101.4, 101.5, 101.6, 101.7. |Shutterstock.com, New York: Pecold 79.1; Quarta 105.1, 105.2, 105.3, 105.4. |stock.adobe.com, Dublin: Alfi 76.1; EvgeniyBobrov 85.1, 87.1, 87.2, 87.3, 87.4, 87.5, 87.6, 87.7, 87.8, 87.9, 87.10, 87.11, 87.12, 87.13, 87.14, 87.15, 87.16, 87.17, 87.18, 87.19, 87.20, 87.21, 87.22, 87.23, 87.24, 87.25, 87.26, 87.27, 87.28, 87.29, 87.30, 87.31, 87.32, 87.33, 87.34, 87.35, 87.36, 87.37, 87.38, 87.39, 87.40, 87.41, 87.42, 87.43, 87.44, 87.45, 87.46, 87.47; FATIR29 100.1; TamTam 19.1, 20.1, 45.1.

© 2019 Bildungshaus Schulbuchverlage Westermann Schroedel Diesterweg Schöningh Winklers GmbH, Georg-Westermann-Allee 66, 38104 Braunschweig
www.westermann.de

Das Werk und seine Teile sind urheberrechtlich geschützt. Jede Nutzung in anderen als den gesetzlich zugelassenen bzw. vertraglich zugestandenen Fällen bedarf der vorherigen schriftlichen Einwilligung des Verlages. Wir behalten uns die Nutzung unserer Inhalte für Text und Data Mining im Sinne des UrhG ausdrücklich vor. Nähere Informationen zur vertraglich gestatteten Anzahl von Kopien finden Sie auf www.schulbuchkopie.de

Für Verweise (Links) auf Internet-Adressen gilt folgender Haftungshinweis: Trotz sorgfältiger inhaltlicher Kontrolle wird die Haftung für die Inhalte der externen Seiten ausgeschlossen. Für den Inhalt dieser externen Seiten sind ausschließlich deren Betreiber verantwortlich. Sollten Sie daher auf kostenpflichtige, illegale oder anstößige Inhalte treffen, so bedauern wir dies ausdrücklich und bitten Sie, uns umgehend per E-Mail davon in Kenntnis zu setzen, damit beim Nachdruck der Verweis gelöscht wird.

Bei der Übernahme von Werkteilen (Grafiken) aus den Arbeitsblättern sind Sie verpflichtet, das Namensnennungsrecht des Urhebers zu beachten und die Namensnennung in ein neues Arbeitsblatt mit einzufügen. Unterlassungen dieser Verpflichtung stellen einen urheberrechtlichen Verstoß dar, der zu urheberrechtlichen Schadensersatzansprüchen führen kann.

Druck A^2 / Jahr 2024
Alle Drucke der Serie A sind im Unterricht parallel verwendbar.

Umschlagbild: iStockphoto.com/pius 99, Calgary
Druck und Bindung: Westermann Druck GmbH, Georg-Westermann-Allee 66, 38104 Braunschweig

ISBN 978-3-14-**024743**-6

Das alte Ägypten

Vorwort   6

Baustein 1: Hochkultur am Nil   7

Überblick/Analyse   7

AB 1a	Ägypten – eine Reise wert?	10
AB 1b	Ägypten – eine Reise wert?	11
	EH 1a/b Ägypten	12
AB 2a	Der Nil – (Un-)Glücksbringer?	13
AB 2b	Der Nil – (Un-)Glücksbringer?	14
AB 2c	Der Nil – (Un-)Glücksbringer?	16
	EH 2a – c Der Nil	17
AB 3a	Ägypten – eine Hochkultur?	18
AB 3b	Ägypten – eine Hochkultur?	19
AB 3c	Ägypten – eine Hochkultur?	21
	EH 3a – c Ägypten	23
Rätsel:	Teste dein Wissen	25
Lösung:	Teste dein Wissen	26

Baustein 2: Der Pharao   27

Überblick/Analyse   27

AB 1	Der Pharao – Gott und König?	29
	EH 1 Der Pharao	30
AB 2a	Darstellungen der Pharaonen – gleich oder verschieden?	31
	EH 2a Darstellungen der Pharaonen	32
AB 2b	Darstellungen der Pharaonen – gleich oder verschieden?	33
	EH 2b Darstellungen der Pharaonen	34
AB 3	Das Handeln des Pharao – Wohltat oder Eigennutz?	35
	EH 3 Das Handeln des Pharao	36
AB 4a	Pharao Ramses III. – den Mördern auf der Spur?	37
AB 4b	Pharao Ramses III. – den Mördern auf der Spur?	39
	EH 4a/b Pharao Ramses III.	40
Spiel:	Teste dein Wissen	41

Das alte Ägypten

Baustein 3: Mumien 43

Überblick/Analyse 43

AB 1a	Mumien – stumme Zeugen der Vergangenheit?	45
AB 1b	Mumien – stumme Zeugen der Vergangenheit?	46
	EH 1a/b Mumien 47	
AB 2	Mumifizierung – Wissenschaft oder Zauberei?	48
	EH 2 Mumifizierung 49	
AB 3	Mumien aus Äpfeln herstellen	50
AB 4a	Mumifizierung – ein Geheimnis der alten Ägypter?	51
AB 4b	Mumifizierung – ein Geheimnis der alten Ägypter?	52
	EH 4a/b Mumifizierung 53	

Rätsel: Teste dein Wissen 54
Lösung: Teste dein Wissen 55

Baustein 4: Die Pyramiden 56

Überblick/Analyse 56

AB 1a	Quellen im Geschichtsunterricht – Sprechen Bilder immer die Wahrheit?	59
AB 1b	Das Innere der Cheops-Pyramide – unentdeckte Geheimnisse?	60
AB 1c	Das Innere der Cheops-Pyramide – unentdeckte Geheimnisse?	61
	EH 1b/c Das Innere der Cheops-Pyramide 61	
AB 2a	Die Pyramidenbaustelle – Weltwunder in Handarbeit?	63
AB 2b	Die Pyramidenbaustelle – Weltwunder in Handarbeit?	65
	EH 2a/b Die Pyramidenbaustelle 66	
AB 3	Der Bau der Pyramiden – ein ungelöstes Geheimnis?	67
	EH 3 Der Bau der Pyramiden 69	

Spiel: Teste dein Wissen 70
Lösung: Teste dein Wissen 71

Baustein 5: Schreiber und Schrift 72

Überblick/Analyse 72

AB 1a	Ich verstehe nichts – oder: Die Entzifferung der Hieroglyphen	75
AB 1b	Ich verstehe nichts – oder: Die Entzifferung der Hieroglyphen	76
	EH 1a/b Ich verstehe nichts 78	
AB 2a	Der Beruf des Schreibers – ein Traumjob?	79
AB 2b	Der Beruf des Schreibers – ein Traumjob?	80
	EH 2a/b Der Beruf des Schreibers 81	
AB 3	Papyrus herstellen – ein verlerntes Handwerk?	82
	EH 3 Papyrus herstellen 83	

Rätsel: Teste dein Wissen 84
Lösung: Teste dein Wissen 86

Das alte Ägypten

Baustein 6: Gesellschaft der Ägypter   88

Überblick/Analyse   88

AB 1a	Gesellschaft und Berufe – der Wesir	90
AB 1b	Gesellschaft und Berufe – der Handwerker	91
AB 1c	Gesellschaft und Berufe – der Bauer	92
AB 1d	Gesellschaft und Berufe – der Schreiber	93
AB 1e	Gesellschaft und Berufe – Aufgaben der einzelnen Berufsgruppen	94
	EH 1a–e Gesellschaft und Berufe 95	
Rätsel:	Teste dein Wissen 96	
Lösung:	Teste dein Wissen 97	

Baustein 7: Religion und Götter   98

Überblick/Analyse   98

AB 1a	Ein Glaube – ein Gott?	100
AB 1b	Ein Glaube – ein Gott?	101
	EH 1a/b Ein Glaube – ein Gott? 102	
AB 2a	Die Schöpfungsgeschichte – Wie ist die Welt entstanden? (Heliopolis)	103
AB 2b	Die Schöpfungsgeschichte – Wie ist die Welt entstanden? (Memphis)	104
AB 2c	Die Schöpfungsgeschichte – Wie ist die Welt entstanden? (Storyboard)	105
	EH 2a–c Die Schöpfungsgeschichte 106	
Rätsel:	Teste dein Wissen 107	
Lösung:	Teste dein Wissen 108	

Vorwort

Der vorliegende Band ist Teil einer Reihe von Themenheften, die an den Bedürfnissen des Unterrichtsalltags orientiert sind. Die Reihe *EinFach Geschichte ... unterrichten* richtet sich an Geschichtslehrerinnen und -lehrer und sieht sich als Ergänzung zu den eingeführten Lehrwerken.

Die Reihe will mit variabel einsetzbaren thematischen Bausteinen sowie vielfältigen Methoden und Sozialformen Angebote machen für einen abwechslungsreichen Unterricht:
- Jedes Heft bietet mehrere Bausteine zu interessanten Aspekten des jeweiligen Themas.
- Jeder Baustein umfasst kopierfähige Arbeitsblätter – jeweils verbunden mit einer einführenden Sachanalyse, methodisch-didaktischen Hinweisen und Lösungen in Form von ausführlichen Erwartungshorizonten.
- Am Ende jedes Bausteins befindet sich ein Rätsel mit der entsprechenden Auflösung.

Aus der Praxis – für die Praxis: Unser Anliegen ist es, Lehrerinnen und Lehrern schnell und effizient das für den Unterricht nötige Hintergrundwissen bereitzustellen; daher ist Ausführlichkeit einer wissenschaftlichen Abhandlung nicht sinnvoll. Für eine tiefer gehende stoffliche Einarbeitung sei auf die wissenschaftliche Fachliteratur verwiesen.

Bei der Verwendung der Bausteine gibt es keine bindende Reihenfolge, sondern es kann nach eigenen didaktischen Überlegungen eine Auswahl getroffen werden. Das Bausteinprinzip der Reihe bietet so flexible Möglichkeiten und erleichtert damit nicht zuletzt auch die Unterrichtsvorbereitung.

Obwohl die Lehrpläne der Bundesländer unterschiedliche Schwerpunkte setzen, stimmen die zentralen thematischen Inhalte vielfach überein, sodass die Hefte bzw. Bausteine der Reihe *EinFach Geschichte ... unterrichten* problemlos in allen Bundesländern zum Einsatz kommen können.

Baustein 1

Hochkultur am Nil

Überblick

In diesem Baustein finden sich Unterrichtsmodelle zum Thema „Hochkultur am Nil". Der Nil ist für die Ausprägung einer Hochkultur im alten Ägypten der entscheidende Faktor. Der Fokus soll daher in diesem Baustein auf folgenden Aspekten liegen:

- Unter der Leitfrage **Ägypten – eine Reise wert?** (AB 1a – b) sollen die Schülerinnen und Schüler sich dem modernen wie dem antiken Ägypten nähern. Aktuelle Einträge eines Reiseforums machen sie mit verschiedenen historischen Sehenswürdigkeiten namentlich bekannt machen, die sie später auf einer Nilkarte verorten. Zu einzelnen Reisezielen wird im Anschluss eine weiterführende Recherche betrieben werden. Hier wird bereits der Nil als Zentrum des kulturellen wie gesellschaftlichen Lebens offenbar.

  Arbeitsblatt 1a – b
  S. 10 – 11

- Die Leitfrage **Der Nil – (Un-)glücksbringer?** (AB 2a – c) soll den Schülerinnen und Schülern beide Perspektiven auf den Nil zugänglich machen. Wirtschaft, Wissenschaft, Kultur werden vom Nil begünstigt, er bringt aber auch Tod, Krankheit und Leid.

  Arbeitsblatt 2a – c
  S. 13 – 16

- **Ägypten – eine Hochkultur?** (AB 3a – c) dient als Leitfrage, um den Schülerinnen und Schülern die Definition einer Hochkultur nahe zu bringen. Anschließend gleichen die Schülerinnen und Schüler die dafür entscheidenden Parameter am Beispiel Ägyptens ab. Außerdem wird die Wichtigkeit des Nils in Bezug auf die Ausbildung einer Hochkultur bewusst gemacht. Im Anschluss wird eine Parallele hergestellt zu Ägypten als Hochkultur und der Rolle, die der Nil dabei spielt.

  Arbeitsblatt 3a – c
  S. 18 – 23

Der Fokus liegt bei diesem Baustein darauf, dass die Schülerinnen und Schüler zunächst sowohl eine geografische Verortung vornehmen als auch erste Erkenntnisse über die wirtschaftliche, wissenschaftliche und kulturhistorische Bedeutung gewinnen, die der Nil besitzt. So können die Schülerinnen und Schüler danach die Wichtigkeit des Nils für die Ausprägung einer Hochkultur im alten Ägypten erkennen. In weiteren Bausteinen werden diese Aspekte der Hochkultur – gesellschaftliches Leben, Ausüben von Herrschaft, Handel und Wirtschaft sowie Kultur und Weltdeutung – genauer in Augenschein genommen.

Sachanalyse

Ägypten ist den Lernenden heute in erster Linie bekannt als ein Reiseland mit Risiko. Politische Instabilität, terroristische Angriffe auch speziell auf Touristen und das generell schlechte Image vieler islamischer Länder lassen die Attraktivität Ägyptens als Reiseziel drastisch sinken. Aufgrund dieser Atmosphäre ist es besonders wichtig, den Schülerinnen und Schülern zunächst einen anderen, positiven Blick auf das heutige Ägypten zu ermöglichen und dadurch schon gleich eine Brücke in die Vergangenheit zu schlagen. Diese Möglichkeit ergibt sich über die Beschäftigung mit dem Nil und den damit verbundenen Sehenswürdigkeiten, die heute immer noch eine Reise wert sind, weil sie von der einst so mächtigen Hochkultur in Nordafrika zeugen.

Alltagssituation Ägypten

Der Nil ist dabei die Lebensader Ägyptens – damals wie heute. Ohne den knapp 7 000 km langen Fluss (der längste der Welt) wäre es nicht möglich gewesen, eine Hochkultur in den Bereichen Wirtschaft, Wissenschaft, Kultur- und Gesellschaftsleben zu etablieren. Der Fluss ergibt sich aus dem Zusammenfluss des Blauen Nils, der dem äthiopischen Hochland

Der längste Fluss der Erde

Bedeutung des Nils für Ägypten

Überblick Analyse

Baustein 1: Hochkultur am Nil

Etymologie „Ägypten"

entspringt, und dem Weißen Nil, der sich aus dem Viktoriasee speist. Im antiken Ägypten glaubte man an einen Ursprung des Nils im Nun, dem Urgewässer, aus dem auch die Welt entsprungen sei. Während der Nil im alten Ägypten Hapi hieß, in Anlehnung an den Gott des Flusses und dessen Bewegung, nannten ihn die Griechen Neilos, aus dem sich der heutige Name ableitet. Die Prägnanz des Gewässers spiegelt sich auch in dem antiken Namen Ägyptens wieder: Kemet – ‚Schwarzes Land'. Dieser Name hat seine Wurzeln in dem dunklen Nilschlamm, den die jährliche Nilschwemme zurückließ und der die Uferregion des Nils zu fruchtbarem Land werden ließ.

Bedeutung des Nils für die Entwicklung des Landes

Diese Voraussetzung bedingte verschiedene Entwicklungen:

Landwirtschaft
- Die Landwirtschaft prosperierte und verhalf Ägypten zu einem Wohlstand, der Hungersnöte und bittere Armut zu einer Seltenheit werden ließ. Selbst der Steuersatz wurde dem Wasserstand des Nils angepasst.

Infrastruktur
- Der Fluss war auch integraler Bestandteil der Wirtschafts- und Infrastruktur und wurde als Handelsroute benutzt, um Waren und vor allem Baumaterial verfügbar zu machen.

Städtebau
- Dieses benötigte man, um den massiven Städtebau voranzutreiben, dessen Erbe das Nilufer noch heute beeindruckend präsentiert.

Wissenschaft
- Die Wissenschaft entwickelte sich effizient gemäß den Vorgaben, die der Nil mit sich brachte. Das lässt sich z. B. an den ausgeklügelten Kanalsystemen erkennen. Der ägyptische Kalender und die damit einhergehenden astronomischen Berechnungen basierten ebenfalls auf der Nilschwemme, die den Jahresrhythmus bestimmte.

Fluch und Segen

Der Nil war aber Segen und Fluch zugleich. Verschiedene Quellen verweisen auf die positive Bedeutung des Nils, aber auch auf dessen Schattenseite. Blieb die Nilschwemme aus oder stieg das Wasser zu hoch, bedeutete das einen empfindlichen Einschnitt in die Lebensqualität der Menschen am Nil und in ganz Ägypten.

Die Ägypter gelten zusammen mit den Römern und den Griechen als Vorzeigebeispiel einer Hochkultur im Mittelmeerraum. Dabei lässt sich das Prädikat Hochkultur an verschiedenen Parametern messen:

Merkmal einer Hochkultur
- Die Menschen erwirtschaften mehr Nahrungsmittel, als sie für sich selbst benötigen.
- Es gibt verschiedene Berufe wie Händler, Viehzüchter, Getreidebauern oder Fischer.
- Es gibt jemanden, der den Staat anführt.
- Es gibt eine Rangordnung unter den Einwohnern.
- Die Menschen haben eine Religion.
- Es gibt eine Schriftsprache.
- Es gibt Gesetze.
- Kinder werden erzogen.
- Es gibt eine technische Entwicklung.
- Es werden Arbeiten für die Allgemeinheit ausgeführt.

Methodisch-didaktische Analyse

Leitfrage

Die ersten beiden **Arbeitsblätter AB 1a/1b** ermöglichen es den Schülerinnen und Schüler unter der Leitfrage **Ägypten – eine Reise wert?**, das Land und den ägyptischen Nil geografisch einzuordnen und die Denkmäler der Hochkultur am Nilverlauf vermerken zu können. Außerdem wird ihnen hier die Möglichkeit gegeben, Recherche zu antiken Sehenswürdigkeiten zu betreiben und ihre Ergebnisse später zu präsentieren. Die Lernenden können so die Besonderheit des modernen Ägyptens durch die (kulturelle) Hinterlassenschaft der Antike begreifen. Außerdem können sie eigenständig Fragen an die Geschichte formulieren und im Verlauf der Unterrichtseinheit Antworten dazu finden.

AB 1a

Mithilfe von **AB 1a** sollen die Schülerinnen und Schüler die im Chat erwähnten Sehenswürdigkeiten in der Karte einzeichnen und danach die Karte thematisch passend grün, blau und

Baustein 1: Hochkultur am Nil

Überblick Analyse

gelb einfärben, um so bereits eine Idee für die Fruchtbarkeit und damit die Wichtigkeit des Nils zu bekommen. Aufgabe 2 kann als Hausaufgabe ausgelagert werden und den Schülerinnen und Schülern verdeutlichen, dass eine Hochkultur von vor ca. 5000 Jahren heute noch sichtliche und sehenswerte Spuren hinterlassen hat, die Ägypten – aller Vorbehalte zum Trotz – eine Reise wert erscheinen lassen.

Hausaufgabe

AB 1b dient dazu, dass die Lernenden selber Fragen an die Geschichte stellen und sich so jede/r Schüler/in mit dem eigenen Interessensgebiet auseinandersetzen kann und alle zum Mitdenken angeregt werden. Tipp: Die Ergebnissicherung zu der zweiten Aufgabe kann mündlich oder als Fragensammlung an der Tafel erfolgen. Hierbei sollten die Fragen aufgenommen werden, die dann auch tatsächlich innerhalb der Unterrichtseinheit beantwortet werden können (entweder durch von der Lehrkraft vorbereitete Stunden, durch Kurzreferate oder durch eine anschließende Internetrecherche der Klasse, in der Antworten auf die noch ausstehenden Fragen gefunden werden). Unter der Fragestellung **Der Nil – ein (Un-)Glücksbringer?** können die Schülerinnen und Schüler den Nil aus zweierlei Perspektiven begreifen und Inhalte der Textausschnitte den Aspekten Glücks- und Unglücksbringer in eigenen Worten zuordnen. Sie können aus den Inhalten der in Partnerarbeit angefertigten Tabelle ein eigenständiges Fazit ziehen und außerdem die von ihnen herausgearbeiteten Aspekte des Nils, sowohl die positiven als auch die negativen, gestalterisch in einem Bild umsetzen.

AB 1b

Leitfrage

AB 2a kann als Einstieg genutzt werden, um die Schülerinnen und Schüler in der klassischen Bildanalyse nach dem Dreischritt (beschreiben – analysieren – interpretieren) zu schulen. Die Lernenden werden Hapi aufgrund der Darstellung als Gott erkennen und den Nil im Hintergrund durch den bereits bekannten Flussverlauf ebenso. Nachdem die Verbindung zwischen dem Gott (hier muss der Name eingeführt werden), dem Nil und der Fruchtbarkeit/Gabendarbietung erkannt worden ist und die Schülerinnen und Schüler bereits spekuliert/interpretiert haben, dass der Nil hier als etwas Gutes dargestellt wird, kann zur Bekräftigung dieser Hypothese der Nilhymnus unter dem Bild aufgedeckt werden. Danach gilt es, dieses Bild etwas zu dekonstruieren. Dazu dient die letzte Zeile eines (anderen) Nilhymnus. Hier können die Schülerinnen und Schüler ihr Vorwissen zu der Frage präsentieren, was der Sinn von Opfergaben ist, um somit zu dem Schluss zu gelangen, dass der Nil wohl auch eine Bedrohung darstellen kann.

AB 2a

Mit **AB 2b** können die Lernenden Argumente einerseits für den Nil als Glücksbringer und andererseits als Unglücksbringer aus verschiedenen Textausschnitten herausarbeiten und in eine Tabelle auf **AB 2c** in eigenen Worten einfügen. Hier können die Schülerinnen und Schüler auch ein Fazit ziehen und verschriftlichen.

AB 2b

AB 2c

Aufgabe 2 auf **AB 2b** kann die Möglichkeit bieten, das Erlernte in einer kreativen Aufgabe umzuwälzen. Tipp: Aus den Ergebnissen könnte eine Galerie entstehen, die durch einen „gallery walk" gewürdigt wird. Die Fragestellung **Ägypten – eine Hochkultur?** bildet den Abschluss dieses Bausteins. Hier lernen die Schülerinnen und Schüler die Merkmale einer Hochkultur kennen und können diese auf das Beispiel Ägypten anwenden und von der Steinzeit abgrenzen.

Hausaufgabe

Mithilfe von **AB 3a** können die Schülerinnen und Schüler Wissen aus der Unterrichtsreihe Steinzeit anwenden und so die aufgeworfene Fragestellung der Überlegenheit anhand einer tabellarischen Gegenüberstellung aufgreifen. **AB 3b** dient dazu, die Schülerinnen und Schüler mit dem Begriff der Hochkultur vertraut zu machen und ihnen konkrete Beispiele hochkulturellen Lebens im alten Ägypten zu präsentieren. Diese sollen dann in eine Tabelle auf **AB 3c** eingefügt werden. Aufgabe 2) könnte als Hausaufgabe ausgelagert werden.

AB 3a

AB 3b

AB 3c

Baustein 1: Hochkultur am Nil

Ägypten – eine Reise wert?

Neulich in einem Reiseforum

„Ist Ägypten denn überhaupt eine Reise wert?", fragt ein Teenager im Online-Reiseforum.

„Klar!", schreibt ein Anderer. „Da kannst du den ganzen Tag am Pool liegen!!!"

„Quatsch", schreibt der Nächste, „es gibt so viel zu erleben in Ägypten, da hast du gar nicht viel Zeit, um am Pool zu liegen."

Und schon hagelt es Empfehlungen:

- „Wenn der Badeort Hurghada ist, muss man nach Luxor. Der Tempel von Karnak ist eines der 7 Weltwunder! Das Tal der Könige ist auch einen Tag wert und Abu Simbel in Oberägypten."

- „Für mich persönlich sind ein absolutes Muss in Ägypten die Pyramiden (obwohl ich sie selbst noch nie gesehen habe, immer kommt was dazwischen ... soll bei uns einfach nicht sein), das Tal der Könige (fand ich sehr interessant) und das Nil-Delta, wo der Nil ins Mittelmeer mündet. Toll ist auch die Oase von Faijum mit ihren vielen Palmen! Aber du siehst. Ich kenne persönlich nur einen minimalen Teil von Ägypten."

- „Oh je, wo soll ich da anfangen? Denn Ägypten bietet so viele wunderbare Sehenswürdigkeiten. Also da fallen mir spontan ein: das Ägyptische Museum, die Pyramiden von Gizeh, die Sphinx und die liegende Kolossalstatue von Ramses II. in Memphis, die Pyramiden von Sakkara, der Pyramidenfriedhof von Dahschur, dann vielleicht eine Nilkreuzfahrt bis Assuan oder Abu Simbel, Luxor: die Tempelanlagen in Luxor und Karnak, das Tal der Könige, der Tempel der Hatschepsut, die Memnon-Kolosse, der Horus-Tempel in Edfu, die Tempelanlage in Kom Ombo, in Assuan die Nilinseln und der Philae-Tempel, von Assuan durch die Wüste bis Abu Simbel, die tollen Strände am Roten Meer mit den hervorragenden Tauch- und Schnorchelmöglichkeiten (hier soll laut der Bibel Moses das Meer geteilt haben), und noch vieles mehr ..."

(Autorentext)

---

1. Markiere die Sehenswürdigkeiten, die im Reiseforum genannt werden, und trage diese anschließend auf der Karte AB 1b ein. Wenn du fertig bist, kannst du die Karte noch mit den Farben Blau (Wasser), Grün (fruchtbares Land) und Gelb (Wüste) passend einfärben.

2. Entscheide dich für eine Sehenswürdigkeit, welche du gerne bei einem Ägyptenurlaub anschauen würdest, und verfasse dazu einen Eintrag ins Reiseforum. Beschreibe, warum du genau diese Sehenswürdigkeit für besonders sehenswert hältst.

3. Eilmeldung: Endlich ist es geschafft! Professor Zeitgeist von der Universität in Freiburg hat eine Zeitreisemaschine gebaut. Sie kann dich 5 000 Jahre in die Vergangenheit in das alte Ägypten bringen. Doch warum sollte Professor Zeitgeist dich mitnehmen? Tausende Abenteuerlustige wollen einsteigen. Professor Zeitgeist erklärt, dass er nur die Person mitnimmt, die ihm die fünf besten Fragen für ein Interview mit den alten Ägyptern präsentieren kann. Welche fünf Fragen legst du Professor Zeitgeist vor, damit er dich für die Zeitreise auswählt?

Baustein 1: Hochkultur am Nil

Ägypten – eine Reise wert?

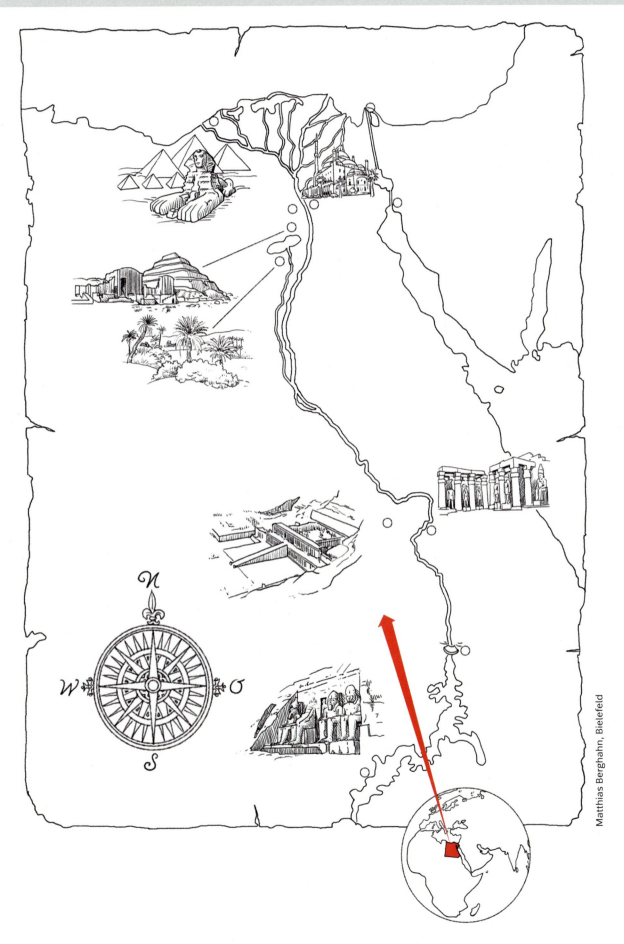

EH 1 a/b — Baustein 1: Hochkultur am Nil

Ägypten – eine Reise wert?

1. Markiere die Sehenswürdigkeiten, die im Reiseforum genannt werden, und trage diese anschließend auf der Karte AB 1 b ein. Wenn du fertig bist, kannst du die Karte noch mit den Farben Blau (Wasser), Grün (fruchtbares Land) und Gelb (Wüste) passend einfärben.

2. Entscheide dich für eine Sehenswürdigkeit, welche du gerne bei einem Ägyptenurlaub anschauen würdest, und verfasse dazu einen Eintrag ins Reiseforum. Beschreibe, warum du genau diese Sehenswürdigkeit für besonders sehenswert hältst.
   Individuelle Schülerlösung.

3. Eilmeldung: Endlich ist es geschafft! Professor Zeitgeist von der Universität in Freiburg hat eine Zeitreisemaschine gebaut. Sie kann dich 5000 Jahre in die Vergangenheit in das alte Ägypten bringen. Doch warum sollte Professor Zeitgeist dich mitnehmen? Tausende Abenteuerlustige wollen einsteigen. Professor Zeitgeist erklärt, dass er nur die Person mitnimmt, die ihm die fünf besten Fragen für ein Interview mit den alten Ägyptern präsentieren kann. Welche fünf Fragen legst du Professor Zeitgeist vor, damit er dich für die Zeitreise auswählt?
   Individuelle Schülerlösung.

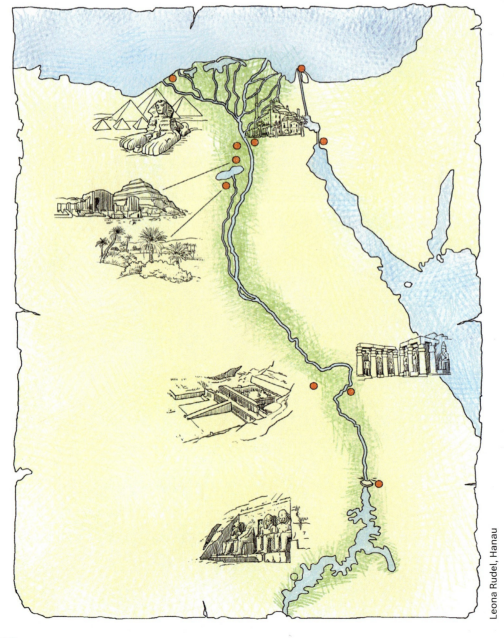

Leona Rudel, Hanau

Baustein 1: Hochkultur am Nil

Der Nil – (Un-)Glücksbringer?

Leona Rudel, Hanau

„Heil dir Hapi […]
wenn [der Nil] überflutet, freut sich die Erde!
Jeder Bauch freut sich,
jeder Kiefer bricht in Lachen aus,
jeder Zahn liegt frei!"
„Nil! Man opfert dir!"
(Nilhymnus)

1. Kannst du dir vorstellen, warum Hapi – also dem Nil – Tiere, Früchte und Schmuck geopfert wurden? Erkläre.

AB 2b — Baustein 1: Hochkultur am Nil

Der Nil – (Un-)Glücksbringer?

Aus einer Hymne an den Nil:

Sei gegrüßt, Nil, hervorgegangen aus der Erde, gekommen, um Ägypten am Leben zu erhalten! Herr der Fische, der die Zugvögel stromauf ziehen lässt, der Gerste schafft und Bohnen entstehen lässt.
Wenn er faul ist, dann werden die Nasen verstopft und jedermann verarmt.
5 Wenn er habgierig ist, ist das ganze Land krank, Große und Kleine schreien.
Beständig an Regeln, kommt er zu seiner Zeit, Ober- und Unterägypten zu füllen.
Der die Menschen kleidet mit Flachs, der den Webergott seine Erzeugnisse herstellen lässt und den Salbengott sein Öl. Alle Erzeugnisse werden aus ihm hervorgebracht.
Fließe, Nil! Man opfert dir. Komm nach Ägypten! Auf, Verborgener! Der Mensch und Tier am
10 Leben erhält mit seinen Gaben des Feldes.

Jan Assmann: Ägyptische Hymnen und Gebete, Zürich: Cornelsen 1975, S. 500 ff.

Aus einem Gebet:

Du schaffst den Nil in der Unterwelt
Und holst ihn herbei nach deinem Willen,
um das Volk der Ägypter am Leben zu erhalten.
Auch für die Gebirgsländer in der Ferne sorgst du:
5 Er steigt zu ihnen herab, um ihre Felder zu bewässern.
Der wahre Nil aber, er kommt aus der Unterwelt für Ägypten.

Freya Stephan-Kühn: Viel Spaß mit den alten Ägyptern, Würzburg: Arena Taschenbuch 1990, S. 61.

Aus dem Text einer Historikerin:

Die Bauern arbeiteten während der Nilschwemme an den Pyramiden, da dann die Felder überschwemmt waren und sie ihrer normalen Arbeit nicht nachgehen konnten. So hatten die Bauern immer Arbeit und der Pyramidenbau wurde vorangetrieben.

(Autorentext)

Baustein 1: Hochkultur am Nil

Der Nil – (Un-)Glücksbringer?

Information zum Nil:

Der Nil trat regelmäßig über die Ufer und brachte so den Ägyptern fruchtbare Ackerfelder, die sie bebauen konnten und eine satte Ernte versprachen. Die Nilschwemme machte es außerdem möglich, den Nil als einen Transportweg zu benutzen, und so verschiedene Waren zu verschiffen. Wenn die Nilflut allerdings nur schwach war oder ausblieb, bedeutete das für die Menschen
5 Hunger und Durst. War die Nilschwemme zu stark, litten die Menschen unter der Überschwemmung ihrer Wohngebiete, Seuchengefahr und Ertrinken. Der Wasserstand des Nils bestimmte somit die Lebensqualität der Menschen. Der römische Gelehrte Plinius der Ältere drückte das damals so aus: „Bei zwölf Ellen Hunger, bei dreizehn Genüge, bei vierzehn Freude, bei fünfzehn Sicherheit, bei sechzehn Überfluss."

(Autorentext)

Timo Grubing, Bochum

1. **Partnerarbeit:**
   - Partner A: Arbeite aus den Textschnipseln alle Argumente dafür heraus, den Nil als Glücksbringer zu sehen. Trage die Argumente stichpunktartig mit deinen eigenen Worten in die linke Tabellenspalte auf dem Arbeitsblatt AB 2c ein.
   - Partner B: Arbeite aus den Textschnipseln alle Argumente dafür heraus, den Nil als Unglücksbringer zu sehen. Trage die Argumente stichpunktartig mit deinen eigenen Worten in die rechte Tabellenspalte auf dem Arbeitsblatt AB 2c ein.
   - Präsentiert euch gegenseitige eure Ergebnisse und vervollständigt die Tabelle.
   - Versucht nun, gemeinsam eine Antwort auf die Frage zu finden, ob der Nil ein Glücks- oder Unglücksbringer ist. Schreibt sie in den Kasten unter der Tabelle.

2. In dem Bild zu Anfang der Stunde wurde der Nil (und Hapi) nur als Glücksbringer gezeigt. Male ein Bild, in dem beide Aspekte des Nils – also Glück und Unglück – dargestellt werden.

AB 2c — Baustein 1: Hochkultur am Nil

Der Nil – (Un-)Glücksbringer?

Der Nil, ein …

… Glücksbringer?	… Unglücksbringer?

Fazit:
_____
_____
_____
_____
_____

Baustein 1: Hochkultur am Nil

EH 2 a – c

Der Nil – (Un-)Glücksbringer?

➜ Zu AB 2a

1. Kannst du dir vorstellen, warum Hapi – also dem Nil – Tiere, Früchte und Schmuck geopfert wurden? Erkläre.
   In der Jenseitsvorstellung der alten Ägypter war der Nil – sprich Hapi – ein Gott, den es zu verehren galt. die Menschen wollen Hapi gnädig stimmen. Daher brachten sie ihm Opfergaben dar.

➜ Zu AB 2 b/c

1. Partnerarbeit:
   - Partner A: Arbeite aus den Textschnipseln alle Argumente dafür heraus, den Nil als Glücksbringer zu sehen. Trage die Argumente stichpunktartig mit deinen eigenen Worten in die linke Tabellenspalte auf dem Arbeitsblatt AB 2c ein.
   - Partner B: Arbeite aus den Textschnipseln alle Argumente dafür heraus, den Nil als Unglücksbringer zu sehen. Trage die Argumente stichpunktartig mit deinen eigenen Worten in die rechte Tabellenspalte auf dem Arbeitsblatt AB 2c ein.
   - Präsentiert euch gegenseitige eure Ergebnisse und vervollständigt die Tabelle.
   - Versucht nun, gemeinsam eine Antwort auf die Frage zu finden, ob der Nil ein Glücks- oder Unglücksbringer ist. Schreibt sie in den Kasten unter der Tabelle.

... Glücksbringer?	... Unglücksbringer?
• erhält Tiere und Menschen am Leben • bringt gute Ernte/Erzeugnisse • verschafft den Menschen Kleidung durch Flachsanbau • versorgt auch die Gebirgsländer in der Ferne • bewässert die Felder/fruchtbare Ackerfelder • dient als Transportweg • beeinflusst den Pyramidenbau	• verstopft die Nasen, wenn er faul ist • Jedermann verarmt, wenn er zu wenig Wasser führt. • bringt Krankheiten und Leid • Ausbleibende Nilschwemme bringt Hunger und Durst. • Zu starke Nilschwemme bringt Seuchengefahr und Ertrinken.

Fazit:
Der Nil war sowohl Glück als auch Unglück für die alten Ägypter. Der Wasserstand des Nils bestimmte die Lebensqualität der Ägypter. Sie waren von ihm abhängig.

AB 3a — Baustein 1: Hochkultur am Nil

Ägypten – eine Hochkultur?

1. Erläutere in eigenen Worten, ob der Ägypter Recht hat.

Baustein 1: Hochkultur am Nil

AB 3b

Ägypten – eine Hochkultur?

Professor Zeitgeist hält an der Universität einen Vortrag zum Thema *Ägypten – eine Hochkultur?*

stock.adobe.com/
TamTam, Dublin

Meine lieben Studierenden! Bevor ich mich einer Ausführung des heutigen Vortragsthemas widme, ist es wichtig für uns als Historiker, dass wir uns erst einmal im Klaren darüber werden, wie man überhaupt bestimmen kann, ob eine Kultur den Namen Hochkultur verdient. Eine Hochkultur ist eine Gemein-
5 schaft von Menschen, die in frühen Zeiten eine fortschrittliche und weit entwickelte Kultur mit folgenden Merkmalen schufen:
- Die Menschen erwirtschaften mehr Nahrungsmittel, als sie für sich selbst benötigen.
- Es gibt verschiedene Berufe wie Händler, Viehzüchter, Getreidebauern oder
10 Fischer.
- Es gibt jemanden, der den Staat anführt.
- Es gibt eine Rangordnung unter den Einwohnern.
- Die Menschen haben eine Religion.
- Es gibt eine Schriftsprache.
15 - Es gibt Gesetze.
- Kinder werden erzogen.
- Es gibt eine technische Entwicklung.
- Es werden Arbeiten für die Allgemeinheit ausgeführt.

Beginnen wir mit dem Punkt, den Sie alle wahrscheinlich am besten kennen,
20 die Frage nach der Religion. Jeder, der Asterix und Kleopatra gelesen oder gesehen hat, weiß, dass die Ägypter eine polytheistische Religion hatten, also einen Glauben an mehrere Götter. Hierbei kann man drei große Gruppen von Göttern unterscheiden: Reichsgötter, lokale Götter und Hausgötter. Hieraus ergibt sich eine Vielzahl von Göttern, die in manchen Berechnungen in die Hunderte geht.
25 Die wichtigsten männlichen Götter sind hierbei: Re, Seth, Osiris, Horus, Sokar, Chnum, Thot, Anubis, Amun-Re; die wichtigsten weiblichen heißen: Isis, Nephthys, Maat, Hathor, Sachmet, Neith, Nechbet & Uadjet; Beispiele androgyner Gottheiten, also Gottheiten, die männliche und weibliche Merkmale besitzen, wären: Atum, Hapi. Die Gottheiten wurden sehr verehrt und ihnen wurden
30 auch Opfer gebracht. Opfer waren natürlich nicht möglich, ohne die Menschen, die sie bereitstellten. Gott sei Dank besaß das alte Ägypten eine ausgeprägte Landwirtschaft, die so viel einbrachte, dass man auch die Götter noch mitversorgen konnte und Handel damit betreiben konnte. Jetzt waren natürlich nicht alle Ägypter Bauern. Nein, nein! Es ließen sich ganz viele verschiedene Berufs-
35 gruppen finden: Händler, Schreiber, Beamte, Handwerker, Bäcker, Perückenmacher, Weinbauer etc. Sie alle waren unterschiedlichen Klassen in der Gesellschaft zugeordnet – mit dem Pharao natürlich an der Spitze und den Handwerkern und Bauern ganz unten! Trotzdem waren die Bauern wie die Handwerker sehr wichtig. Letztgenannte vor allem wegen der vielen techni-
40 schen Entwicklungen, die ja auch gefertigt werden mussten. Technische Entwicklungen zeigen sich z.B. im Baugewerbe. Hier entwickelte sich die Bauform vom Holz-Mattenbau über den Ziegelbau zum Steinbau, der sich eindrücklich in den bekannten Bauwerken des antiken Ägyptens zeigt.

© Westermann Gruppe
Best.-Nr. 024743

Baustein 1: Hochkultur am Nil

Ägypten – eine Hochkultur?

stock.adobe.com/
TamTam, Dublin

Auch im Bootsbau lässt sich eine Entwicklung feststellen. Der Bau der Pyramiden kann ohne technische Fertigkeiten kaum erklärt werden. Der griechische Gelehrte Herodot spricht in diesem Zusammenhang von Maschinen auf den Baustellen des alten Ägyptens; Historiker bezweifeln diese Aussage allerdings. Doch selbst der Rampenbau, der als Hilfsmittel für den Pyramidenbau als sehr wahrscheinlich gilt, bedeutet technisches und wissenschaftliches Wissen und Können.

Aber auch die Beamten waren eine sehr wichtige Berufsgruppe und waren in der Gesellschaftsstruktur relativ weit oben angesiedelt. Sie kümmerten sich um den Verwaltungsapparat, der garantierte, dass sich das große Land gut verwalten ließ, und der auch die Macht der Pharaos sicherte. Allerdings trugen die Beamten auch Sorge, dass Ordnung und Recht im ganzen Reich herrschten und leisteten somit auch einen Dienst für die Allgemeinheit. Aufgabe des Pharaos war es, für das Wohl des Landes zu sorgen, sowie es Aufgabe der Bauern war, Abgaben und Militärdienst zu leisten und den Pyramidenbau voranzutreiben.

Jetzt fragen Sie sich vielleicht, woher wir so viel über die Ägypter wissen. Nun ja, einerseits von Ausgrabungen, andererseits durch Inschriften usw. Die Schrift der Ägypter wäre uns übrigens niemals zugänglich geworden, wenn es nicht den Stein von Rosetta gäbe. Ein französischer Kollege hat diesen Stein gefunden und darauf waren unter anderem Hieroglyphen und griechische Schriftzeichen. Durch den griechischen Text hat man dann die Hieroglyphen entziffern können. Die Hieroglyphen können, je nach Ausrichtung des Bildes, das sie begleiten, von rechts nach links oder von links nach rechts gelesen werden. Dabei können die Hieroglyphen in drei verschiedene Gruppen eingeordnet werden: Begriffszeichen, Deutzeichen und Lautzeichen. Gesetzestexte sind leider nur wenige erhalten. Bilder in Grabkammern legen allerdings Zeugnis davon ab, dass es Schriftrollen mit Gesetzestexten gegeben haben muss. Als göttliches Gesetz in Form einer Moral oder Ethik tritt die Göttin Maat auf. Sie wog die Seele eines Verstorbenen gegen das Gewicht einer Feder und bestimmte so den Fortlauf der Verstorbenen im Totenreich. Das Gewicht der Seele ergab sich aus der Einhaltung bestimmter moralischer Grundsätze im diesseitigen Leben.

Um die Schulbildung kamen auch die ägyptischen Kinder nicht herum. Generell gilt, dass sowohl Jungen als auch Mädchen die Schule besuchen konnten, allerdings wurden die Kinder, die nicht der Oberschicht entstammten, meistens zur Arbeit auf den Feldern oder im Beruf der Eltern herangezogen.

Oh, die Zeit ist schon um. Hier endet mein Vortrag. Die Frage, ob Ägypten nun eine Hochkultur war, können Sie mithilfe meines Vortrags nun selbst beantworten.

Viel Erfolg und auf Wiedersehen!

(Autorentext)

---

1. Arbeite aus dem Text Merkmale für eine Hochkultur heraus und trage sie in die erste Tabelle (AB 3c) ein. Erläutere die Merkmale.

2. Prüfe, ob spätere Kulturen unsere heutige europäische Kultur als Hochkultur ansehen könnten. Verwende die zweite Tabelle (AB 3c).

Baustein 1: Hochkultur am Nil

AB 3c

Ägypten – eine Hochkultur?

Merkmale einer Hochkultur	Kurze Information/Erklärung

AB 3c

Baustein 1: Hochkultur am Nil

Ägypten – eine Hochkultur?

Merkmale einer Hochkultur	Vergleich mit unserer heutigen europäischen Kultur

Baustein 1: Hochkultur am Nil

AB 3 a–c

Ägypten – eine Hochkultur?

➡ Zu AB 3 a

1. Erläutere in eigenen Worten, ob der Ägypter Recht hat.
   Hier können die Lernenden individuell antworten. Wichtig ist jedoch die Erkenntnis, dass sie auf Merkmale der Hochkultur verweisen, die das Leben der Ägypter aufweist, die Steinzeit allerdings noch nicht. Aspekte, die hier von den Schülerinnen und Schülern bereits im Vorfeld zur Beschäftigung mit der ägyptischen Hochkultur genannt werden könnten, wären z. B. das politische und rechtliche System, das Schulwesen und die Baukunst/technischen Entwicklungen.

➡ Zu AB 3 b/c

1. Arbeite aus dem Text Merkmale für eine Hochkultur heraus und trage sie in die Tabelle (AB3c) ein. Erläutere die Merkmale.

Merkmale	Kurze Information/Erklärung
1. Menschen erwirtschaften mehr Nahrungsmittel, als sie für sich selbst benötigen.	Ausgeprägte Landwirtschaft, die so viel einbrachte, dass man auch die Götter noch mitversorgen und Handel damit betreiben konnte.
2. Es gibt verschiedene Berufe.	verschiedene Berufsgruppen: Händler, Schreiber, Beamter, Handwerker, Bäcker, Perückenmacher, Weinbauer etc.
3. Es gibt jemanden, der den Staat anführt.	Pharao führt als König den Staat an.
4. Es gibt eine Rangordnung unter den Einwohnern.	unterschiedlichen Klassen in der Gesellschaft zugeordnet mit dem Pharao natürlich an der Spitze und den Handwerkern und Bauern ganz unten, Beamte dazwischen
5. Die Menschen haben eine Religion.	polytheistische Religion = Glaube an mehrere Götter; drei große Gruppen von Göttern unterscheiden: Reichsgötter, lokale Götter und Hausgötter; Vielzahl von Göttern, die in manchen Berechnungen in die Hunderte geht; die wichtigsten männlichen Götter: Re, Seth, Osiris, Horus, Thot, Anubis, Amun-Re; die wichtigsten weiblichen heißen: Isis, Nephthys, Maat, Hathor; Beispiele androgyner Gottheiten: Atum, Hapi.
6. Es gibt eine Schriftsprache.	Hieroglyphen
7. Es gibt Gesetze.	Beamte sorgen für Einhaltung von Ordnung und Recht.
8. Kinder werden erzogen.	Schulbildung sowohl für Mädchen als auch für Jungen
9. Es gibt eine technische Entwicklung.	Technische Entwicklungen zeigen sich z.B. im Baugewerbe. Hier entwickelte sich die Bauform vom Holz-Mattenbau über den Ziegelbau zum Steinbau, Bootsbau, Pyramidenbau.

© Westermann Gruppe
Best.-Nr. 024743

EH 3 a–c Baustein 1: Hochkultur am Nil

Ägypten – eine Hochkultur?

Merkmale	Kurze Information/Erklärung
10. Es werden Arbeiten für die Allgemeinheit ausgeführt.	Pharao sorgt sich um Wohl des Reiches; Beamte regeln den Staat und das Gemeinschaftswesen; Bauern erwirtschaften mehr als sie selbst brauchen; Handwerker schaffen Produkte, damit kann Handel betrieben werden.

2. Prüfe, ob spätere Kulturen unsere heutige Kultur als Hochkultur ansehen könnten.
   Dazu kann man die Merkmale aus Aufgabe 1 überprüfen:

Merkmale einer Hochkultur	Vergleich mit unserer heutigen europäischen Kultur
1. Menschen erwirtschaften mehr Nahrungsmittel, als sie für sich selbst benötigen.	In Europa erwirtschaften die Menschen viel mehr als sie für sich selbst benötigen. Daher wird innerhalb Europas aber auch mit Ländern außerhalb unseres Kontinents viel Handel getrieben. Deutschland z.B. exportiert Autos, Maschinen und Medikamente, dafür importiert es Erdöl und Erdgas, Getränke, Obst etc.
2. Es gibt verschiedene Berufe.	In Europa gibt es ganz unterschiedliche Berufsgruppen in der Landwirtschaft, in der Industrie und im Dienstleistungsbereich; für manche Berufe muss man eine Ausbildung machen, andere fordern ein Studium.
3. Es gibt jemanden, der den Staat anführt.	Die Länder Europas sind Demokratien, das bedeutet, dass die Regierung vom Volk gewählt wird, manche Länder haben einen König oder eine Königin als Oberhaupt, trotzdem sind sie demokratisch.
4. Es gibt eine Rangordnung unter den Einwohnern.	Es gibt keine starre Rangordnung wie bei den Ägyptern und eigentlich sollte es eine Durchlässigkeit bei den Rängen geben; Ränge ergeben sich heute durch Geld, Macht, Bildungsstand.
5. Die Menschen haben eine Religion.	In Europa können Menschen religiös sein, sie müssen es aber nicht; es gibt Religionsfreiheit und jeder kann somit glauben, was er oder sie möchte. In Europa gibt es Christen, Muslime, Juden, aber auch Buddhisten und Angehörige anderer Religionen.
6. Es gibt eine Schriftsprache.	Alle Länder Europas haben eine Schriftsprache, die meisten verwenden lateinische Buchstaben, andere kyrillische oder griechische.
7. Es gibt Gesetze.	Es gibt europäische Gesetze der EU und es gibt Landesgesetze, (tw. auch Gesetze in den Bundesländern).
8. Kinder werden erzogen.	Schulbildung wird sowohl Mädchen als auch für Jungen ermöglicht; es herrscht Schulpflicht.
9. Es gibt eine technische Entwicklung.	Technischen Entwicklungen gibt es überall in Europa, sei es in der Autoindustrie, im IT-Bereich oder in der chemischen Entwicklung.
10. Es werden Arbeiten für die Allgemeinheit ausgeführt.	Beamten gibt es in jedem Land in Europa, sie führen Arbeiten für die Allgemeinheit aus, außerdem gibt es den öffentlichen Dienst und Wohltätigkeitsorganisationen.

Baustein 1: Hochkultur am Nil

Rätsel

Teste dein Wissen

Fülle die Lücken mithilfe der folgenden Begriffe aus:

Kultur; Viktoriasee; Nilschlamm; Steuersatz; Segen und Fluch; Baumaterial; Wohlstand; 7000 km; fruchtbarem; Kemet; Kalender; Wissenschaft; äthiopischen; Hochkultur; Handelsroute; Wirtschaft; Städtebau; Lebensader

Der Nil ist die _____ Ägyptens – damals wie heute. Ohne den knapp _____ langen Fluss (der längste der Welt) wäre es Ägypten nicht möglich gewesen, eine _____ in den Bereichen _____, Wissenschaft, _____ - und Gesellschaftsleben zu werden. Der Fluss ergibt sich aus dem Zusammenfluss des Blauen Nils, der dem _____ Hochland entspringt, und dem Weißen Nil,
5 der sich aus dem _____ speist. Im antiken Ägypten glaubte man an einen Ursprung des Nils im Nun, dem Urgewässer, aus dem auch die Welt entsprungen sei. Während der Nil im alten Ägypten Hapi hieß, in Anlehnung an den Gott des Flusses und dessen Bewegung, nannten ihn die Griechen Neilos, aus dem sich der heutige Name ableitet. Die Prägnanz des Flusses spiegelt sich auch in dem antiken Namen Ägyptens wieder: _____ – ‚Schwarzes Land'. Dieser Name hat seine Wurzeln in dem dunklen _____, den die jährliche Nilschwem-
10 me zurückließ und der die Uferregion des Nils zu _____ Land werden ließ. Diese Voraussetzung bedingte verschiedene Entwicklungen: Die Landwirtschaft blühte auf und verhalf Ägypten zu einem _____, der Hungersnöte und bittere Armut zu einer Seltenheit werden ließ. Selbst der _____ wurde dem Wasserstand des Nils angepasst. Der Fluss war auch Bestandteil der Wirtschafts- und Infrastruktur und wurde als _____ benutzt, um Waren und vor allem _____ verfügbar zu machen. Dieses benötig-
15 te man, um den massiven _____ voranzutreiben, dessen Erbe das Nilufer noch heute beeindruckend präsentiert. Die _____ entwickelte sich effizient gemäß den Vorgaben, die der Nil mit sich brachte. Das lässt sich z. B. an den ausgeklügelten Kanalsystemen erkennen. Der ägyptische _____ und die damit einhergehenden astronomischen Berechnungen basierten ebenfalls auf der Nilschwemme, die den Jahresrhythmus bestimmte. Der Nil war aber _____ zugleich. Verschiedene Quellen verweisen auf die positive Bedeu-
20 tung des Nils, aber auch auf dessen Schattenseite. Blieb die Nilschwemme aus oder stieg das Wasser zu hoch, bedeutete das einen empfindlichen Einschnitt in die Lebensqualität der Menschen am Nil und in ganz Ägypten.

Lösung — Baustein 1: Hochkultur am Nil

Teste dein Wissen

Der Nil ist die __Lebensader__ Ägyptens – damals wie heute. Ohne den knapp __7 000 km__ langen Fluss (der längste der Welt) wäre es Ägypten nicht möglich gewesen, eine __Hochkultur__ in den Bereichen __Wirtschaft__, Wissenschaft, __Kultur__ - und Gesellschaftsleben zu werden. Der Fluss ergibt sich aus dem Zusammenfluss des Blauen Nils, der dem __äthiopischen__ Hochland entspringt, und dem Weißen Nil, der sich aus dem __Viktoriasee__ speist. Im antiken Ägypten glaubte man an einen Ursprung des Nils im Nun, dem Urgewässer, aus dem auch die Welt entsprungen sei. Während der Nil im alten Ägypten Hapi hieß, in Anlehnung an den Gott des Flusses und dessen Bewegung, nannten ihn die Griechen Neilos, aus dem sich der heutige Name ableitet. Die Prägnanz des Flusses spiegelt sich auch in dem antiken Namen Ägyptens wieder: __Kemet__ – ‚Schwarzes Land'. Dieser Name hat seine Wurzeln in dem dunklen __Nilschlamm__, den die jährliche Nilschwemme zurückließ und der die Uferregion des Nils zu __fruchtbarem__ Land werden ließ. Diese Voraussetzung bedingte verschiedene Entwicklungen: Die Landwirtschaft blühte auf und verhalf Ägypten zu einem __Wohlstand__, der Hungersnöte und bittere Armut zu einer Seltenheit werden ließ. Selbst der __Steuersatz__ wurde dem Wasserstand des Nils angepasst. Der Fluss war auch Bestandteil der Wirtschafts- und Infrastruktur und wurde als __Handelsroute__ benutzt, um Waren und vor allem __Baumaterial__ verfügbar zu machen. Dieses benötigte man, um den massiven __Städtebau__ voranzutreiben, dessen Erbe das Nilufer noch heute beeindruckend präsentiert. Die __Wissenschaft__ entwickelte sich effizient gemäß den Vorgaben, die der Nil mit sich brachte. Das lässt sich z. B. an den ausgeklügelten Kanalsystemen erkennen. Der ägyptische __Kalender__ und die damit einhergehenden astronomischen Berechnungen basierten ebenfalls auf der Nilschwemme, die den Jahresrhythmus bestimmte. Der Nil war aber __Segen und Fluch__ zugleich. Verschiedene Quellen verweisen auf die positive Bedeutung des Nils, aber auch auf dessen Schattenseite. Blieb die Nilschwemme aus oder stieg das Wasser zu hoch, bedeutete das einen empfindlichen Einschnitt in die Lebensqualität der Menschen am Nil und in ganz Ägypten.

Überblick Analyse

Baustein 2

Der Pharao

Überblick

In diesem Baustein erhalten Sie Informationen zum Thema „Pharaonen – Herrscher der Ägypter". In der ägyptischen Gesellschaft nimmt der Pharao eine besondere Rolle ein. Denn er ist nicht nur als Herrscher das Staatsoberhaupt von Ober- und Unterägypten, sondern wird von seinen Untertanen als Gott verehrt.

- Das **Arbeitsblatt 1** vermittelt den Schülerinnen und Schülern unter der Leitfrage **Der Pharao – Gott und König?** die soziale Stellung des Pharao und erläutert die wichtigsten Herrschaftsinsignien. — Arbeitsblatt 1 S. 29
- Unter der Leitfrage **Darstellungen der Pharaonen – Amt oder Person?** soll zunächst mithilfe des **AB 2a** ein erster Zugang zu bildlichen Darstellungen der ägyptischen Herrscher erreicht werden. Das **Arbeitsblatt 2b** greift die oben genannte Fragestellung wieder auf und vertieft die Leitfrage. — Arbeitsblatt 2 a/b S. 31–33
- **Das Handeln des Pharao – Wohltat oder Eigennutz?** ist die zentrale Frage des **Arbeitsblattes 3**. Hier sollen mithilfe einer Textquelle die zentralen Handlungsmaximen der Pharaonen erarbeitet und anschließend kontrovers diskutiert werden — Arbeitsblatt 3 S. 35
- Mit einem antiken Mordfall befasst sich das **Arbeitsblatt 4a**. Die Leitfrage **Pharao Ramses III. – den Mördern auf der Spur?** soll hier geklärt werden. Eine Lösungshilfe (**AB 4b**) strukturiert die Arbeitsergebnisse. — Arbeitsblatt 4 a–b S. 37–39

Sachanalyse

Während das Wort „Pharao" zunächst auf das ägyptische Wort *Per aa* zurückgeht und so viel wie „großes Haus" bedeutet, bezeichnet der Begriff im neuen Reich den Herrscher von Ober- und Unterägypten. Ursprünglich bezeichnete „Pharao" lediglich den Herrscherpalast und wurde im Laufe der Zeit auch synonym als Herrschertitel verwendet, bevor der Begriff letztendlich die Bedeutung „König" erhielt. Ägyptische Pharaonen verstanden sich jedoch nicht nur als Herrscher über ein Staatsgebiet, sondern auch als direkte Nachfahren der Götter, womit sie einen gottgleichen Status erhielten. Wie viele andere Herrscher nach ihnen, verdeutlichten die Pharaonen ihre Macht durch königliche Insignien. Die rot-weiße Doppelkrone symbolisiert Unter- und Oberägypten. Bevor weite Teile des Reiches vereinigt wurden, trugen die jeweiligen Herrscher entweder nur die weiße oder die rote Krone. Diese Art der Kopfbedeckung ist aus zahlreichen Abbildungen und von Statuen bekannt. Als alternative Krone wurde auch das sogenannte Nemes-Kopftuch verwendet. Das bekannteste Beispiel für eine solche Kopfbedeckung findet man bei der Totenmaske des Tutanchamun, welche zusätzlich mit einem Geier und einer giftspeienden Kobra versehen ist. Der Geier steht hier symbolisch für die Göttin Nechbet, die Kobra für die Göttin Wadjet, welche ebenfalls Ober- und Unterägypten symbolisieren. Häufig sieht man Abbildungen von Pharaonen mit einem Krummstab und einer Geisel. Auch diese beiden Insignien symbolisieren die beiden Landesteile, stehen aber auch für Führung und Stärke. Eine weitere Insignie ist der sogenannte Zeremonialbart, ein geflochtener, künstlicher Kinnbart, der mithilfe von Lederriemen am Kinn des Pharao befestigt wurde. Interessanterweise trugen auch Königinnen diese Form des Herrschaftsschmucks. Auch wenn Männer in der Liste der ägyptischen Regenten bei weitem überwiegen, gibt es dennoch außergewöhnliche Frauen, die als Allein-

Etymologie

Insignien

Berühmte Pharaoninnen

Überblick Analyse

Baustein 2: Der Pharao

herrscherinnen über Ägypten regierten. Die wohl bekannteste unter ihnen ist die Pharaonin Hatschepsut. Weitere Herrscherinnen waren unter anderem Nofrusobek, Tausret und nicht zuletzt die berühmte Kleopatra.

Methodisch-didaktische Analyse

Den Lernenden sind Abbildungen der Pharaonen sicherlich bekannt. Umso wichtiger ist es, ihnen hier die gängigen Herrschaftsinsignien, sowie das Selbstverständnis des Pharao als Gott und Herrscher zu erläutern. Die Schülerinnen und Schüler sollen zunächst den Darstellungstext bearbeiten, bevor sie die aus dem Text entnommenen Informationen verwenden, um die Abbildung zu beschriften. Darüber hinaus wird mit der Bearbeitung des Textes die besondere Rolle des Pharao als Gott und Herrscher deutlich, was in unserer heutigen Zeit nicht mehr vorstellbar wäre. Die letzte Frage des **AB 1** stellt einen Gegenwartsbezug her. Die Lernenden erkennen, dass heutige Herrscher, seien es Staatspräsidenten oder Könige, nur noch selten Herrschaftsinsignien tragen – von einigen Ausnahmen einmal abgesehen. Nach der Bearbeitung der Arbeitsaufträge bietet es sich an, die Stundenfrage **Der Pharao – Gott und König?** zu beantworten.

AB 1
Gegenwartsbezug

Leitfrage

AB 2 a
AB 2 b

Das **AB 2 a** soll zunächst das Interesse der Lernenden wecken. Die Abbildungen könnten als stummer Impuls eingesetzt werden. Das **AB 2 b** eignet sich anschließend als Vertiefung.

AB 3

Leitfrage

Bei dem **AB 3** handelt es sich um eine didaktisch reduzierte Primärquelle, anhand derer die Lernenden sich erarbeiten, nach welchen Maximen ein Pharao herrschen sollte. Diese können durchaus kontrovers diskutiert werden. Durch die Leitfrage **Das Handeln des Pharao – Wohltat oder Eigennutz?** werden die Lernenden angeregt, die Anweisungen kritisch zu hinterfragen, denn viele der hier erteilten Ratschläge können sich günstig auf die Herrschaft des Pharao auswirken und dazu beitragen, etwaige revolutionäre Tendenzen zu unterdrücken. Erstaunlicherweise unterscheiden sich die antiken Moralvorstellungen nur wenig von unseren heutigen, obwohl die Quelle fast 3500 Jahre alt ist. Diese Erkenntnis soll mithilfe der Aufgabe 4 gewonnen werden. Zunächst sollen die Lernenden modernen Staatsoberhäuptern Ratschläge erteilen und diese im Anschluss mit denen des Pharao vergleichen. Im Idealfall erkennen die Schülerinnen und Schüler, dass der Unterschied nur marginal ist.

AB 4 a

AB 4 b
Teste dein Wissen

Mit einem antiken Mordfall befassen sich die Schülerinnen und Schüler im **AB 4 a**. Erfahrungsgemäß weckt ein Kriminalverbrechen bei den Lernenden großes Interesse. Dieses soll sich zu Nutze gemacht werden, indem die Schülerinnen und Schüler zunächst den Text lesen und anschließend die Ergebnisse zum Mordfall auf dem Berichtblatt (**AB 4 b**) festhalten.

(Spiel)

Den Abschluss bildet ein **Spiel**. Hierbei treten je 2 Spieler gegeneinander an. Als Hilfsmittel werden ein Würfel und Spielfiguren benötigt. Der erste Spieler würfelt und rückt entsprechend. Kommt er über ein Ereignisfeld (rot/grün) muss er anhalten; landet der Spieler auf einem Wissensfeld, liest ein Schüler des anderen Teams die Frage vor. Antwortet der Schüler richtig, darf er die restlichen Züge machen. Bei einer falschen Antwort muss er stehen bleiben und das andere Team ist am Zug. Landet der Spieler auf einem Ereignisfeld, darf er selbst eine Ereigniskarte ziehen und die geforderte Kreativaufgabe ausführen, der Teamspieler muss raten. Wichtig hierbei ist, dass der Teamspieler die Aufgabe nicht sieht. Auch hier dürfen die restlichen Züge nur gemacht werden, wenn das Dargestellte richtig vom Teamspieler erkannt wurde. Die Teams spielen in abwechselnder Reihenfolge. Gewonnen hat, wer als erster die Pyramide erreicht.

Baustein 2: Der Pharao

Der Pharao – Gott und König?

Seid gegrüßt, mein Name ist Ramses der Große und ich bin Herrscher über Ägypten. Ich bin der Pharao, das bedeutet übersetzt „großes Haus". Ursprünglich bezog sich dieser Begriff nur auf den Königspalast, doch im Laufe der Jahrhunderte wandelte sich die Bedeutung und man könnte den Begriff „Pharao" mit dem Wort „König" gleichsetzen. Wir Pharaonen sind jedoch keine einfachen Menschen, da wir direkte Nachfahren der Götter sind. Demnach werden wir auch vom Volk als Götter verehrt. Zum Ausdruck unserer besonderen Stellung verwenden wir besondere Herrschaftszeichen, sogenannte Insignien. Auf unserem Kopf tragen wir die Doppelkrone. Die äußere rote Krone steht für Unterägypten, die weiße innere Krone steht für Oberägypten. Häufig befinden sich an unseren Kronen auch noch ein Geier und eine aufgerichtete Kobra. Diese sollen mich vor dem Bösen bewahren. Als Zeichen meiner Kraft, Stärke und Wehrhaftigkeit trage ich einen Krummstab und eine Geißel. Der Bart, den ihr häufig am Kinn der Pharaonen erkennen könnt, ist nicht echt. Es handelt sich hierbei um einen Zeremonienbart, der nur zu feierlichen Anlässen getragen wird. Vielleicht ist dir auch schon mal aufgefallen, dass bei uns Ägyptern sich auch die Männer die Augen schminken, denn das Auge ist das göttliche Symbol für den Sonnengott Ra. Aus diesem Grund verwenden wir Kajal, das wir aus Ruß und Fett herstellen. Diese schwarze Paste tragen wir dann dünn auf unserem unteren Augenlid auf.

(Autorentext)

1. Lies den Text aufmerksam und markiere die Herrschaftsinsignien des Pharao.
2. Beschrifte die Abbildung und erläutere die Symbolik.
3. Erkläre, welche besondere gesellschaftliche Stellung die Pharaonen hatten.
4. Recherchiere, welche Hoheitszeichen heutige Staatsoberhäupter tragen.

Leona Rudel, Hanau

Baustein 2: Der Pharao

Der Pharao – Gott und König?

1. Lies den Text aufmerksam und markiere die Herrschaftsinsignien des Pharao.
   - Doppelkrone
   - rote Krone (steht für Unterägypten)
   - weiße innere Krone (steht für Oberägypten)
   - Geier und eine aufgerichtete Kobra
   - Krummstab und eine Geißel
   - Zeremonienbart
   - Kajal

2. Beschrifte die Abbildung und erläutere die Symbolik.

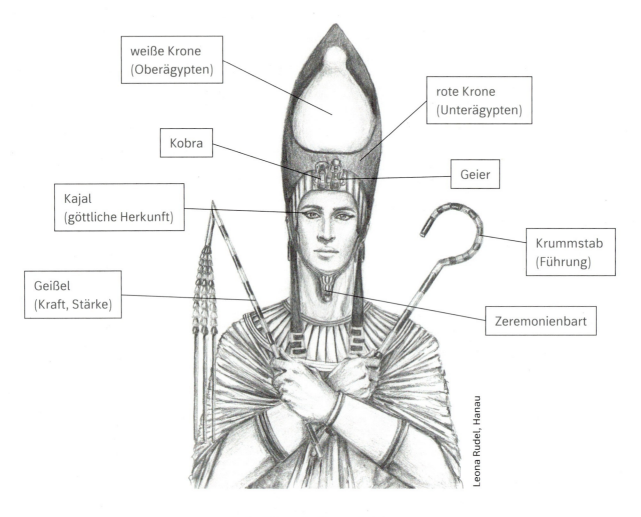

Leona Rudel, Hanau

Beschriftungen: weiße Krone (Oberägypten), rote Krone (Unterägypten), Kobra, Geier, Kajal (göttliche Herkunft), Krummstab (Führung), Geißel (Kraft, Stärke), Zeremonienbart

3. Erkläre, welche besondere gesellschaftliche Stellung die Pharaonen hatten.
   Die Pharaonen wurden in der Gesellschaft nicht nur als Könige verehrt, sondern auch als Götter. In diesem Selbstverständnis regierten sie ihr Land.

4. Recherchiere, welche Hoheitszeichen heutige Staatsoberhäupter tragen.
   Individuelle Schülerantwort. Die heutigen Monarchen treten weitestgehend ohne ihre Insignien auf. Lediglich bei besonderen Anlässen trägt beispielsweise die Queen ihre Krone und das Zepter. Auch der Papst trägt an hohen Feiertagen die Ferula, den sogenannten Kreuzstab.

Baustein 2: Der Pharao

Darstellungen der Pharaonen – Amt oder Person?

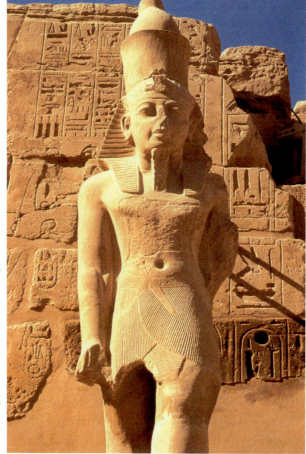

1. Vergleiche die Darstellungen und beschreibe Gemeinsamkeiten und Unterschiede.

2. Stelle begründete Vermutungen darüber an, wer die abgebildeten Personen sein könnten.

3. Sucht Statuen/Denkmäler von Personen aus eurem Heimatort und präsentiert diese anschließend der Klasse in einem Kurzvortrag.

EH 2a

Baustein 2: Der Pharao

Darstellungen der Pharaonen – Amt oder Person?

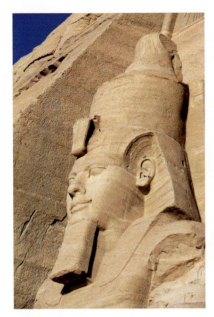

Ramses II.
alamy images/Reinhard Dirscherl,
Abingdon/Oxfordshire

Ramses III.
alamy images/Norman Barrett,
Abingdon/Oxfordshire

Tutanchamun
alamy images/Geoffrey Morgan,
Abingdon/Oxfordshire

1. Vergleiche die Darstellungen und beschreibe Gemeinsamkeiten und Unterschiede.
   Die Statuen sind sich alle drei recht ähnlich. Vor allem die Gesichter sowie die Insignien ähneln sich.
   Die erste Statue trägt die Doppelkrone. Zu erkennen sind auch die Kobra sowie der Zermonienbart.
   Die zweite Statue ist stehend abgebildet. Auch hier erkennt man die Krone und den Bart, ebenso bei der dritten Statue.
   Insgesamt wirken die Gesichter recht ausdruckslos und ähneln sich sehr.

2. Stelle begründete Vermutungen darüber an, wer die abgebildeten Personen sein könnten.
   Individuelle Schülerantwort. Es ist jedoch davon auszugehen, dass die Schülerinnen und Schüler die dargestellten Personen als Pharaonen beziehungsweise als Könige identifizieren.

3. Sucht Statuen und Denkmäler von Personen aus eurem Heimatort und präsentiert diese anschließend der Klasse in einem Kurzvortrag.
   Individuelle Schülerantwort. Statuen und Reliefs von berühmten Persönlichkeiten findet man in nahezu jeder Stadt/jedem Dorf.

Baustein 2: Der Pharao

Darstellungen der Pharaonen – Amt oder Person?

Vergleicht man die Darstellungen von Pharaonen in Form von Statuen, Reliefs oder Wandmalereien, so fällt auf, dass sich diese häufig ähneln: Es werden junge, athletisch gebaute und auch etwas androgyn anmutende Menschen gezeigt. Der Grund hierfür ist, dass nicht die Person des Pharao oder der Pharaonin gezeigt werden soll, sondern das göttliche Amt, welches die Person bekleidet. Alsbald nach der Krönung zum Pharao wird auch eine Art göttliche Aura auf den König übertragen. Vergleichbar ist dies mit der sogenannten Amtsheiligkeit des Papstes, der ja – solange er am Leben ist – einziger heiliger Mensch auf Erden ist. Begründet wird die Göttlichkeit des Pharao mit der Vorstellung der alten Ägypter, der Herrscher sei der wiedergeborene Sohn des Gottes Re, dem Sonnengott. Diese Vorstellung geht einher mit den zu erfüllenden Aufgaben des Pharao, denn neben den weltlichen Pflichten, wie beispielsweise das Erhalten der Ordnung, die Rechtsprechung, Heeresführung und Tätigung der Staatsgeschäfte, kommt dem Herrscher noch eine weitaus bedeutsamere Rolle zu: die Erhaltung der Maat. Im mythologischen Verständnis der alten Ägypter ist diese Maat eine Art oberste Ordnung, die Gerechtigkeit, Wahrheit, Weltordnung und Recht verkörpert. Und genau hierfür ist die Göttlichkeit des Pharao bedeutsam: Die Maat wird von den Göttern garantiert und nur die Gottgleichheit verleiht den Herrscher die Möglichkeit, diese auch zu beschützen. Denn die alten Ägypter glauben, dass diese oberste Weltordnung einer stetigen Gefahr von außen ausgesetzt ist.

(Autorentext)

1. Lies den Text aufmerksam.
2. Erläutere, warum sich die Darstellungen der Pharaonen häufig ähneln.
2. Arbeite aus dem Text die Aufgaben des Pharao heraus und trage die Ergebnisse in die Stoffsammlung ein.
3. Erkläre in eigenen Worten, was man unter der „Maat" versteht.
4. Recherchiere, welche Aufgaben heutige Staatsoberhäupter erfüllen müssen.

Aufgaben und Pflichten des Pharao

Baustein 2: Der Pharao

Darstellungen der Pharaonen – Amt oder Person?

1. Lies den Text aufmerksam.

2. Erläutere, warum sich die Darstellungen der Pharaonen häufig ähneln.
   Es wird nicht die Person des Pharao oder der Pharaonin gezeigt, sondern das göttliche Amt, welches die Person bekleidet.

2. Arbeite aus dem Text die Aufgaben des Pharao heraus und trage die Ergebnisse in die Stoffsammlung ein.

Aufgaben und Pflichten des Pharao

- Erhaltung der Ordnung
- Heeresführung
- Rechtsprechung
- allgemeine Staatsgeschäfte
- Erhaltung und Verteidigung der Maat

Leona Rudel, Hanau

3. Erkläre in eigenen Worten, was man unter der „Maat" versteht.
   Die Maat ist eine Art oberste Ordnung, die Gerechtigkeit, Wahrheit, Weltordnung und Recht verkörpert.

4. Recherchiere, welche Aufgaben heutige Staatsoberhäupter erfüllen müssen.
   - Erlass von Gesetzen
   - Lenkung und Leitung der Regierungsgeschäfte
   - Repräsentation des Staates
   - etc.

Baustein 2: Der Pharao

AB 3

Das Handeln des Pharao – Wohltat oder Eigennutz?

„Freundlich sein ist gut"

Der Pharao Meri-Ka-Re schreibt an seinen Sohn (ca. 1480 v. Chr.):

Sei geschickt im Reden, damit du die Oberhand behältst, Reden ist erfolgreicher als Kämpfen. Ahme deine Väter nach, die vor dir gestorben sind. Sei nicht böse, freundlich sein ist gut. Zeige dich deinem Land gütig, man
5 preist deine Güte und betet für deine Gesundheit. Mache deine Beamten vermögend, damit sie nach deinen Gesetzen handeln. Wer reich ist, ist nicht parteiisch. Sag die Wahrheit in deinem Hause, dann haben die Großen vor dir Respekt. Tu du als Pharao das Rechte, quäle keine Witwe. Hüte dich davor, ungerechterweise zu strafen. 10 Mache keinen Unterschied zwischen dem Sohn eines Vornehmen und dem niedriger Herkunft, hole dir einen Mann wegen seiner Fähigkeiten. [...]

Arend, Walter: Die Lehre für König Merikare. In: Geschichte in Quellen, Band I: Altertum: Alter Orient, Hellas, Rom. München: Bayerischer Schulbuchverlag, 1965, S. 24 f.

1. Lies den Text aufmerksam und markiere, welche Ratschläge der Vater an seinen Sohn weitergibt.

2. Halte deine Ergebnisse auf der Stoffsammlung fest.

Leona Rudel, Hanau

3. Lege eine Tabelle mit zwei Spalten an (Wohltat/Eigennutz) und ordne die Ratschläge entsprechend zu.

4. a) Notiere, welche Ratschläge du einem heutigen Staatsoberhaupt mit auf den Weg geben würdest.
   b) Vergleiche deine aktuellen Ratschläge mit denen des Pharao und erläutere, was dir auffällt.

EH 3

Baustein 2: Der Pharao

Das Handeln des Pharao – Wohltat oder Eigennutz?

1. Lies den Text aufmerksam und markiere, welche Ratschläge der Vater an seinen Sohn weitergibt.

2. Halte deine Ergebnisse auf der Stoffsammlung fest

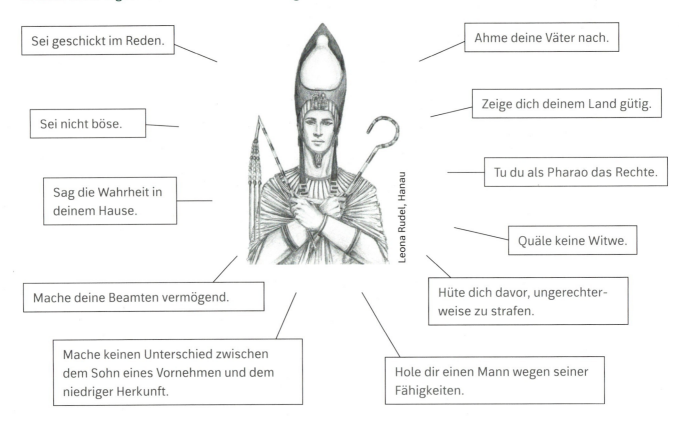

- Sei geschickt im Reden.
- Sei nicht böse.
- Sag die Wahrheit in deinem Hause.
- Mache deine Beamten vermögend.
- Mache keinen Unterschied zwischen dem Sohn eines Vornehmen und dem niedriger Herkunft.
- Ahme deine Väter nach.
- Zeige dich deinem Land gütig.
- Tu du als Pharao das Rechte.
- Quäle keine Witwe.
- Hüte dich davor, ungerechterweise zu strafen.
- Hole dir einen Mann wegen seiner Fähigkeiten.

Leona Rudel, Hanau

3. Lege eine Tabelle mit zwei Spalten an (Wohltat/Eigennutz) und ordne die Ratschläge entsprechend zu.

Wohltat	Eigennutz
Zeige dich deinem Land gütig.	Mache deine Beamten vermögend.
Tu als Pharao das Rechte.	Sei geschickt im Reden.
Quäle keine Witwe.	Sag die Wahrheit in deinem Hause.
Hüte dich davor, ungerecht zu strafen.	Hole dir einen Mann wegen seiner Fähigkeiten.
Mache keinen Unterschied zwischen dem Sohn eines Vornehmen und dem niedriger Herkunft.	

4. a) Notiere, welche Ratschläge du einem heutigen Staatsoberhaupt auf den Weg geben würdest.
Individuelle Schülerantwort.

b) Vergleiche deine aktuellen Ratschläge mit denen des Pharao und erläutere, was dir auffällt.
Der Sohn erhält vom Vater den Rat, ein vorbildliches Leben zu führen, denn so erlangt der Sohn später die Anerkennung und die Wertschätzung des Volkes. Interessant ist, dass diese Ratschläge auch heute noch Gültigkeit besitzen und sich an den Maximen unserer Gesellschaft orientieren. Insofern werden sich die modernen Ratschläge nicht viel von denen des Pharao unterscheiden, obwohl diese fast 3 500 Jahre alt sind.

Pharao Ramses III. – den Mördern auf der Spur?

Verbrechen und Bestrafung – ein Mord am Nil vor 3000 Jahren

Pharao Ramses III. soll von seinen eigenen Haremsdamen ermordet worden sein, besagt ein Text, der Historiker schon seit fast zweihundert Jahren beschäftigt. Luise Loges berichtet über neue Erkenntnisse, die diesen „Mord am Nil" wenigstens teilweise aufgeklärt haben.

alamy images/Norman Barrett, Abingdon/Oxfordshire

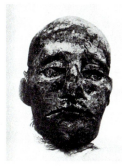
alamy images/Ivy Close Images, Abingdon/Oxfordshire

Ramses III. ist heutzutage wesentlich weniger bekannt als sein berühmter Namensvetter Ramses II., auch „der Große" genannt. Dennoch hat auch er Großes geleistet. Zu Beginn seiner Herrschaft wehrte er erfolgreich den Ansturm der sogenannten „Seevölker" ab, die von Norden nach Ägypten einfielen, und sicherte die Grenzen des Landes. In 32 Jahren Regierungszeit hinterließ er zahlreiche Skulpturen und Inschriften in ganz Ägypten, baute monumentale Tempel und Paläste. Besonders berühmt ist sein reich geschmückter Totentempel in Medinet Habu. Doch am Ende dieser scheinbar glücklichen Herrschaft steht eine Tragödie: Die eigenen Haremsdamen, angeführt von einer Königin namens Teya, verschworen sich zum Mord an ihrem Gatten und Gebieter.

Die Einleitung macht klar, dass hier der Mordanschlag auf den regierenden Pharao behandelt wird. Das ist ein Skandal, denn für die Alten Ägypter war der König ein auf Erden wandelnder Gott, seine Ermordung eine unvorstellbare Blasphemie[1] und eigentlich – laut Staatsdoktrin[2] – gar nicht möglich. [...] Susan Redford, die seit Jahren an dem Fall forscht, ist anderer Meinung: Sie glaubt, dass der König tatsächlich ermordet wurde [...] [und] dass der Mord selbst im königlichen Harem[3] stattfand und von einer der dort lebenden Damen ausgeführt wurde.

[1] Gotteslästerung
[2] Staatsordnung
[3] Wohnbereich der Frauen

Jüngere Forschungsergebnisse bestätigen zumindest, dass es einen Königsmord gegeben hat. Lange Zeit hatte kein Forscher feststellen können, was die Todesursache des Pharaos war, denn äußere Verletzungen waren an seiner Mumie nicht zu erkennen, auch nicht auf einem Röntgenbild, das im Jahre 1980 aufgenommen worden war. Wie also konnte der Mord, wenn überhaupt, vonstatten gegangen sein? [...] Eine „echte Obduktion" der Königsmumie konnte nicht durchgeführt werden – eine invasive[4] Untersuchung hätte den empfindlichen Leichnam womöglich zerstört. Als im Jahr 2010 ein internationales Team aus Ägyptologen, Radiologen, und Paläopathologen die im Ägyptischen Museum in Kairo ausgestellten Mumien im Computertomografen (CT) scannte, war auch Ramses III. dabei. Der Molekularbiologe Carsten Pusch, der von einigen der gescannten Könige Proben für genetische Untersuchungen nahm, erinnert sich, dass Ramses III. sich von den anderen abhob: „Mir war aufgefallen, dass dieser Mann als einzige der ausgestellten Mumien eine Art Schal trug, eine Halskrause aus Leinen. Zu diesem Zeitpunkt wusste ich noch nicht, was es mit der Geschichte von Ramses III. auf sich hat." Durch Puschs Hinweis neugierig geworden, warf das Team noch einmal einen genaueren Blick auf den CT-Datensatz des Pharaos, besonders im Bereich des Halses. Was sie erwartete, war eine echte Überraschung: Im Hals des Pharaos befand sich ein Fremdkörper, der die Form eines sogenannten Udschat-Auges hatte. Diesen kleinen Amuletten aus Halbedelstein wurde im Alten Ägypten heilende Wirkung zugesprochen. Die Idee lag also nahe, dass hier ein Trauma stattgefunden hatte und die Balsamierer das Amulett auf die Wunde gelegt hatten, um diese symbolisch zu heilen. Tatsächlich konnten die Radiologen bei der Auswertung der Bilder feststellen, dass durch die Kehle des Königs ein 7cm langer Schnitt ging. Dieser Schnitt, so stellte das Team fest, war von hinten ausgeführt worden, und reichte bis auf die Knochen des Halswirbels hinunter. Der König muss binnen kürzester Zeit verblutet sein. Die Frage stellt sich, ob diese brutale Vorgehensweise mit Susan Redfords Theorie vereinbar ist, dass die Haremsdamen den Mord verübten: Kann eine Frau überhaupt die Kraft aufbringen, ein solches Trauma auszulösen? Carsten Pusch meint: „Diesen Schnitt kann jeder ausgeführt haben, der Vertrauen genoss und nah an den König herankam. Dabei könnte man natürlich schon an eine Haremsdame oder ein Familienmitglied denken."

[4] glaubensverletzende Öffnung des Körpers

Baustein 2: Der Pharao

Pharao Ramses III. – den Mördern auf der Spur?

Ramses III. regierte in keiner einfachen Zeit. Das einst so reiche Ägypten war wirtschaftlich geschwächt. Dennoch ließ der König sich immer weitere Prachtbauten errichten. Mehrfach in Ramses' Regierungszeit legten die Arbeiter in Deir el-Medineh, die das Grab des Pharaos bauen sollten, die Arbeit nieder: Ihre Löhne waren nicht bezahlt worden und ohne Rationen, so sagen es die Dokumente, keine Arbeit. Vielleicht nicht der erste Generalstreik der Geschichte, sicher aber der erste, von dem wir heute wissen. Der Palast selbst war so gespalten wie das Land. Schon die Tatsache, dass Ramses III. zwei Hauptgemahlinnen hatte, ist sehr ungewöhnlich. Dem Titel nach waren Isis und Teya gleichermaßen Königin von Ägypten. Das Konfliktpotenzial dieser Regelung muss nicht erst erläutert werden, zumal jede der beiden Ramses drei Söhne geboren hatte. Dies erläutert Susan Redford anhand von Ramses' eigenen Monumenten: Wie viele altägyptische Könige ließ er sich oft im engen Familienkreis auf hieroglyphisch beschrifteten Tempelwänden und anderen Steinmonumenten darstellen. Dadurch können Ägyptologen auch sehen, wer von den Söhnen als Nachfolger vorgesehen war. Ramses' Wunschkandidat war offenbar Isis' ältester Sohn, der später auch tatsächlich als Ramses IV. den Thron besteigen sollte. Teyas ältester Sohn Pentawer hatte ein hohes militärisches Amt inne. Doch offenbar war ihm das nicht genug, er wollte selbst Pharao werden – und seine Mutter damit zur unangefochten mächtigsten Frau Ägyptens machen. Aus irgendeinem Grund wollten aber weder er noch Teya darauf warten, dass der alte König von selbst das Zeitliche segnete und dann den Thron an sich reißen. Warum schien ihnen der gewählte Zeitpunkt für einen Putsch so günstig? Es ist denkbar, dass die Verschwörer die Gunst der Stunde nutzten, als ohnehin schon politische und soziale Unruhe im Land herrschte. Das könnte auch erklären, warum sich so viele Komplizen für die Tat fanden, insbesondere unter den niederen Palastangestellten. [...] Vieles wird jedoch wohl auch weiter fraglich bleiben. Die Untersuchungen an Ramses' Mumie haben zumindest einen Teil des Rätsels gelöst [...]. Was aus Teya und ihren Haremsdamen wurde, ist indes vielleicht für immer im Dunkel der Geschichte verloren.

Loges, Luise: Verbrechen und Bestrafung – ein Mord am Nil vor 3000 Jahren. 2014. In: http://www.studentenfutter.uni-tuebingen.de/2013_2014/?p=2523 [01.01.2018].

1. Lies den Text aufmerksam und markiere entsprechend.

   Errungenschaften des Pharaos (gelb)

   Familienangehörige (grün)

   Tatverdächtige (rot)

   Tatort (blau)

   Tatmotive (rot)

   Todesursache (orange)

   Besonderheiten des Leichnams (grün)

2. Fülle anschließend den Ermittlungsbericht (AB 4b) aus.

Baustein 2: Der Pharao

Pharao Ramses III. – den Mördern auf der Spur?

Ermittlungsbericht
Mordfall Ramses III.

Name des Opfers	
Alter des Opfers	
Zeitpunkt des Todes	
besondere Errungenschaften des Opfers	
Familienangehörige	
Tatverdächtige	
Tatort	
Tatmotive	
Todesursache	
Besonderheiten des Leichnams	

EH 4 a/b — Baustein 2: Der Pharao

Pharao Ramses III. – den Mördern auf der Spur?

Ermittlungsbericht
Mordfall Ramses III.

1. Lies den Text aufmerksam und markiere entsprechend.

2. Fülle anschließend den Ermittlungsbericht (AB 4b) aus.

Name des Opfers	Pharao Ramses III.
Alter des Opfers	mindestens 32 Jahre
Zeitpunkt des Todes	ca. 1000 vor Christus
besondere Errungenschaften des Opfers	• Abwehr des Ansturms der Seevölker • Sicherung der Grenzen • monumentale Tempel und Paläste
Familienangehörige	• Hauptgemahlin Isis • Hauptgemahlin Teya • Sohn Pentawer • 5 weitere Söhne
Tatverdächtige	• Hauptgemahlin Teya • ältester Sohn Pentawer • weitere Haremsangehörige
Tatort	Harem des Pharao, altes Ägypten
Tatmotive	• Teya wollte ihren Sohn Pentawer als Pharao inthronisieren, um dadurch zur mächtigsten Frau aufzusteigen. • hohe Staatsverschuldung • Prunksucht des Pharao
Todesursache	7cm langer Schnitt durch die Kehle des Königs
Besonderheiten des Leichnams	Um den Hals trägt die Mumie eine Art Schal. Im Inneren des Halses wurde ein Amulett gefunden, dem zur Zeit der alten Ägypter heilende Wirkung zugesprochen wurde.

Baustein 2: Der Pharao   Spiel

Teste dein Wissen

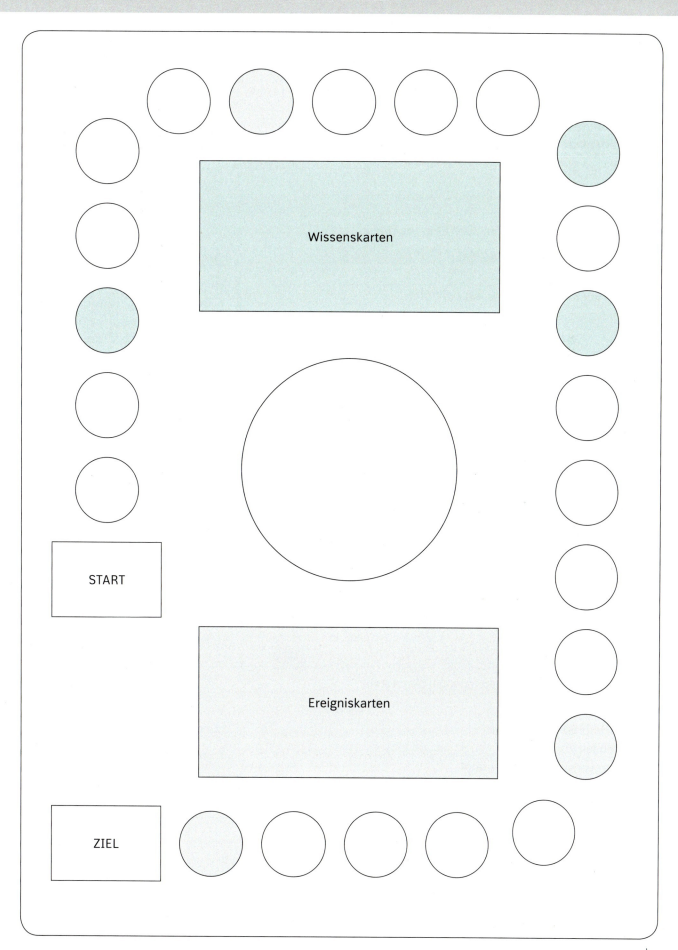

Spiel Baustein 2: Der Pharao

Teste dein Wissen

Wissenskarten **Ereigniskarten**

Die Herrschaftsinsignien des Pharao sind … 1. Krone, Reichsapfel und Zepter 2. Krummstab, Geißel und Krone 3. Hirtenstab und goldener Thron	Zeichnen: Pharao
Diese Insignien benutzten auch Pharaoninnen … 1. Krone, Reichsapfel und Zepter 2. Zepter, Schwert, Schild 3. Zeremonienbart, Kajal, Doppelkrone	Pantomime: Krummstab Geißel Zeremonienbart
Darum sehen sich alle Statuen von Pharaonen so ähnlich … 1. Amt wird dargestellt, nicht Person 2. gleicher Bildhauer 3. Zufall	Pantomime: Kajal Doppelkrone
Diese Eigenschaften sollte ein guter Pharao besitzen … 1. Geschick, Güte 2. Hochmut, Kraft 3. Reichtum und Waffen	Zeichnen: Sarkophag
Der Grund, warum Pharaonen Kajal benutzten, war … 1. Schutz vor Krankheiten 2. Mode 3. Auge als göttliches Symbol	Zeichnen: Maat

Überblick Analyse

Baustein 3

Mumien

Überblick

In diesem Baustein erhalten Sie Arbeitsblätter zum Thema „Mumien".

- Das **AB 1a** soll den Schülerinnen und Schülern einen ersten Zugang zur Thematik ermöglichen. Mithilfe der Abbildung dreier unterschiedlicher Mumien sind die Lernenden dazu angehalten, unter Berücksichtigung der Leitfrage **Mumien – stumme Zeugen der Vergangenheit?** herauszufinden, welche Erkenntnisse über das Alltagsleben der Vergangenheit die jeweiligen Mumien preisgeben. Anschließend werden die Ergebnisse in einer Lösungshilfe (**AB 1b**) festgehalten.   *Arbeitsblatt 1a – b S. 45 – 46*
- Das **Arbeitsblatt 2** befasst sich mithilfe der Leitfrage **Mumien – stumme Zeugen der Vergangenheit?** mit den Arbeitsschritten der Mumifizierung der alten Ägypter. Die Lernenden sollen dazu ein fiktives Papyrus rekonstruieren.   *Arbeitsblatt 2 S. 48*
- Apfelscheiben zu mumifizieren ist das zentrale Thema des **Arbeitsblattes 3**. In einem Experiment wandeln die Lernenden Apfelscheiben mithilfe von Natron in „Apfelmumien" um.   *Arbeitsblatt 3 S. 50*
- Das **Arbeitsblatt 4a** befasst sich unter der Leitfrage **Mumifizierung – ein Geheimnis der alten Ägypter?** mit der Gletschermumie Ötzi. Während sich die Schülerinnen und Schüler in diesem Arbeitsblatt wichtige Grundlagen zum Gletschermann erarbeiten, dient das **Arbeitsblatt 4b** als Ergebnissicherung.   *Arbeitsblatt 4a – b S. 51 – 52*

Sachanalyse

Unter Mumien versteht man im weitesten Sinne absichtlich oder unabsichtlich konservierte Körper. Mumien begegnen uns in allen Epochen der Menschheitsgeschichte: Von der Steinzeit bis hin zur Gegenwart. Sicherlich sind die ägyptischen Mumien mit den prunkvoll verzierten Sarkophagen und den einbandagierten Körpern die berühmtesten Vertreter. Das Grundprinzip der Mumifizierung ist die Bewahrung des Körpers vor der Verwesung. Die alten Ägypter bestatteten noch in der Frühzeit ihre Toten einfach im heißen Wüstensand. Durch die hohe Temperatur und die Trockenheit wurde dem Körper Wasser entzogen, sodass Bakterien ein geeigneter Nährboden fehlte. Schnell fand man heraus, dass man auf diese Weise die Körper haltbar machen konnte, und entwickelte nach und nach ausgefeilte Techniken, welche diese noch besser konservierten. Da Organe viel Flüssigkeit enthalten, wurden als erstes die inneren Organe entfernt. Danach füllte man die Körperhöhle mit Natronsalz oder mit Sand gefüllten Säckchen aus, die den Leichnam weiter dehydrierten. Abschließend wurde der Körper mit Harzen und Ölen getränkt, die die Haut versiegelten. Danach wurde der Körper noch mit Leinenbandagen eingewickelt. Doch es gibt auch Fälle, bei denen Körper nicht absichtlich konserviert wurden. Hin und wieder stößt man in Torfabbaugebieten auf sogenannte Moorleichen, die noch sehr gut erhalten sind. Eine der berühmtesten Mumien, die in der neueren Zeit entdeckt wurde, ist der Gletschermann Ötzi, der im Jahre 1991 in den Ötztaler Alpen gefunden wurde. Der Mann aus der Jungsteinzeit war so gut erhalten, dass man umfassende Untersuchungen durchführen konnte, die sogar soweit gingen, dass man die letzte Mahlzeit rekonstruieren konnte.

Überblick Analyse — Baustein 3: Mumien

Methodisch-didaktische Analyse

Erfahrungsgemäß stößt dieses Thema bei den Schülerinnen und Schülern auf ein reges Interesse, da ein bestimmtes Vorwissen vorhanden ist und das Thema an sich fasziniert.

Einstieg AB 1 — Partnerarbeit — Leitfrage

AB 1 eignet sich als Einstieg in diese Thematik. Die Tatsache, dass die Schülerinnen und Schüler in die Rolle von Forschern schlüpfen, schafft einen realistischen Anknüpfungspunkt und fördert die Motivation zusätzlich. Es bietet sich an, die Aufgaben in Partnerarbeit erledigen zu lassen. Die Beantwortung der Leitfrage **Mumien – stumme Zeugen der Vergangenheit?** kann im Abschluss im Plenum kontrovers diskutiert werden.

AB 2 — Leitfrage

Das **AB 2** weist den Charakter eines Rätsels auf. Hier nehmen die Lernenden die Rolle eines wissenschaftlichen Mitarbeiters ein. In einem ersten Arbeitsschritt werden die Leerstellen ausgefüllt. In einem zweiten Arbeitsschritt müssen die einzelnen Abschnitte ausgeschnitten und in sinnvoller Reihenfolge wieder zusammengesetzt werden. Die Leitfrage **Mumifizierung – Wissenschaft oder Zauberei?** kann an dieser Stelle zur Diskussion gestellt werden. Die Lehrkraft sollte den Lernenden erläutern, dass Wissenschaft und Technik in vergangenen Zeiten häufig nicht verstanden und als Zauberei gedeutet wurden. Alternativ können die einzelnen Abschnitte auch chronologisch nummeriert werden.

AB 3

AB 3 sieht vor, dass die Schülerinnen und Schüler in einem Experiment das Prinzip der Dehydratation selbst anwenden. Mithilfe von Natron und Apfelscheiben kann es eindrücklich demonstriert werden. Es bleibt an dieser Stelle der Lehrkraft überlassen, ob die Lernenden selbst die Apfelscheiben schneiden, oder ob der Lehrer dies für die Schülerinnen und Schüler vorbereitet.

Exkurs AB 4 a — Textarbeit — Mindmap AB 4 b

AB 4 a versteht sich als Exkurs. Wenngleich sehr eng mit dem Thema Mumien verbunden, erkennen die Schülerinnen und Schüler, dass es auch in anderen Epochen, wenn auch unabsichtlich, zu Mumifizierungen gekommen ist. Die Lernenden erarbeiten sich zunächst in einer klassischen Textarbeit die wichtigsten Fakten zum Gletschermann Ötzi. Hilfreich ist es, bereits beim Markieren auf verschiedene Farben zurückzugreifen. So wird die spätere Kategorisierung erleichtert. Die herausgearbeiteten Begriffe werden auf **AB 4 b** mithilfe einer Mindmap gesichert und die Leitfrage **Mumifizierung – ein Geheimnis der alten Ägypter?** gestellt.

Quiz (Teste dein Wissen)

Den Abschluss des Bausteins bildet ein Wissensquiz, bei dem Aussagen auf ihre Richtigkeit hin überprüft werden sollen. Wichtig ist in diesem Zusammenhang, dass die Schülerinnen und Schüler begründen, warum die jeweilige Aussage richtig oder falsch ist.

Baustein 3: Mumien

Mumien – stumme Zeugen der Vergangenheit?

1. Erläutere, wie man herausgefunden hatte, dass sich Körper konservieren lassen.
2. Du bist wissenschaftlicher Mitarbeiter des Professors Dr. Zeitgeist. Untersuche die Abbildungen der Mumien und halte auf dem Bericht fest, welche Erkenntnisse über die Vergangenheit Mumien liefern können.

stock.adobe.com/ TamTam, Dublin

Unter Mumien versteht man im weitesten Sinne absichtlich oder unabsichtlich konservierte Körper. Mumien begegnen uns in allen Epochen der Menschheitsgeschichte: von der Steinzeit bis hin zur Gegenwart. Sicherlich sind die ägyptischen Mumien mit den prunkvoll verzierten Sarkophagen und den einbanda-
5 gierten Körpern die berühmtesten Vertreter. Das Grundprinzip der Mumifizierung ist die Bewahrung des Körpers vor der Verwesung. Die alten Ägypter bestatteten noch in der Frühzeit ihre Toten einfach im heißen Wüstensand. Durch die hohe Temperatur und die Trockenheit wurde dem Körper Wasser entzogen, sodass Bakterien ein geeigneter Nährboden fehlte. Schnell fand
10 man heraus, dass man auf diese Weise die Körper haltbar machen konnte, und entwickelte nach und nach ausgefeilte Techniken, welche die Körper noch besser konservierten. Wichtigstes Prinzip der Mumifizierung ist es, dem Körper Wasser zu entziehen. Da Organe viel Flüssigkeit enthalten, wurden als erstes die inneren Organe entfernt. Danach füllte man die Körperhöhle mit Natron-
15 salz oder mit Sand gefüllten Säckchen aus, die den Leichnam weiter dehydrierten. Abschließend wurde der Körper mit Harzen und Ölen getränkt, die die Haut versiegelten. Danach wurde der Körper noch mit Leinenbandagen eingewickelt.
Doch es gibt auch Fälle, bei denen Körper nicht absichtlich konserviert wurden.
20 Hin und wieder stößt man in Torfabbaugebieten auf sogenannte Moorleichen, die noch sehr gut erhalten sind. Aber auch niedrige Temperaturen können Körper konservieren. Eine der berühmtesten Mumien der neueren Zeit ist der Gletschermann Ötzi, der im Jahre 1991 in den Ötztaler Alpen gefunden wurde. Der Mann aus der Jungsteinzeit war so gut erhalten, dass man umfassende Unter-
25 suchungen durchführen konnte, die sogar soweit gingen, dass man die letzte Mahlzeit rekonstruieren konnte.
(Autorentext)

Abb. 1

alamy images/Lanmas, Abingdon/ Oxfordshire

Abb. 2

alamy images/xPACIFICA, Abingdon/ Oxfordshire

Abb. 3

alamy images/Robin Weaver, Abingdon/ Oxfordshire

AB 1b

Baustein 3: Mumien

Mumien – stumme Zeugen der Vergangenheit?

Forschungsbericht wissenschaftliches Seminar Prof. Dr. Zeitgeist

Mumie (Abbildung)	Wissenschaftliche Erkenntnisse

1. Stelle Vermutungen darüber an, mit welchen Methoden man noch Erkenntnisse über die Vergangenheit erlangen kann.

Baustein 3: Mumien

Mumien – stumme Zeugen der Vergangenheit?

➜ Zu AB 1a

1. Erläutere, wie man herausgefunden hatte, dass sich Körper konservieren lassen.
   Das Grundprinzip der Mumifizierung ist die Bewahrung des Körpers vor der Verwesung. Die alten Ägypter bestatteten noch in der Frühzeit ihre Toten einfach im heißen Wüstensand. Durch die hohe Temperatur und die Trockenheit wurde dem Körper Wasser entzogen, sodass Bakterien ein geeigneter Nährboden fehlte. Schnell fand man heraus, dass man auf diese Weise die Körper haltbar machen konnte und entwickelte nach und nach ausgefeilte Techniken, welche die Körper noch besser konservierten.

2. Du bist wissenschaftlicher Mitarbeiter des Professors Dr. Zeitgeist. Untersuche die Abbildungen der Mumien und halte auf dem Bericht fest, welche Erkenntnisse über die Vergangenheit Mumien liefern können.
   Mumien könne eine Vielzahl an Informationen über die Vergangenheit liefern. Zu nennen wären beispielsweise: Ernährungsgewohnheiten, Kleidungsherstellung, Körpergröße, Umwelteinflüsse, Todesumstände, Aussehen etc.

➜ Zu AB 1b

1. Stelle Vermutungen darüber an, mit welchen Methoden man noch Erkenntnisse über die Vergangenheit erlangen kann.
   Ausgrabungen und Sichtung der Funde, Rekonstruktion, Experimentalarchäologie, Genuntersuchungen etc.

AB 2

Baustein 3: Mumien

Mumifizierung – Wissenschaft oder Zauberei?

Du bist wissenschaftlicher Mitarbeiter am Seminar von Professor Dr. Zeitgeist. Bei Ausgrabungen in Ägypten seid ihr auf interessante Papyri gestoßen, die wichtige Erkenntnisse zur Mumifizierung enthalten. Leider sind nur noch Fragmente erhalten.

1. Sichere die Fragmente, indem du die Lücken füllst.

Um _____ Körper haltbar _____ Wasser entzogen _____
Organe enthalten viel Flüssigkeit, _____ entnommen _____

Entfernung _____ Gehirns
_____ Gehirn _____ spitzen Gegenstand durch die Nase _____ Loch in den Schädel _____ _____ Gehirn verrührt _____ durch _____ Nase herausgezogen. Alternativ _____ das Gehirn durch _____ Loch _____ Hinterkopf heraussickern _____

Entnahme _____ inneren Organe
_____ schneidet _____ Körper _____ Seite _____ entnimmt _____ inneren Organe (Magen, _____, Leber, _____, _____)
_____ die Organe in ätherische Harze getränkt _____ in kleinen Gefäße _____.

_____ Herz muss unbedingt _____ verbleiben, _____ Organ Sitz der Seele _____ Denkens _____!

Nachdem _____ Körper geräumt _____, _____ leeren Körperhöhlen mit mit Natronsalz gefüllten Säckchen _____, um _____ Wasser _____ entziehen.

_____ Körper _____ Verstorbenen _____ nun _____ Mineralgemisch überdeckt, _____ Körperflüssigkeiten durch die Haut entzieht _____ Verwesung vorbeugt.

Nach ca. 40 Tagen _____ Leichnam _____ Öl- und Harzgemisch gebadet _____, _____ Haut _____ geschmeidig wird.

Abschließend _____ Toten auf _____ Bahre, _____ Körper abtropfen _____. Danach _____ Einbalsamierungsflüssigkeiten, _____ Harzen, Teeren und Ölen, _____ Körper gefüllt, um _____ vor Bakterienbefall _____.

_____ eingefallene Körper _____ wieder _____ Sand oder Sägespäne aufgefüllt _____ gepolstert, um _____ wieder natürlich _____.

_____ Augen verwendet _____ Edelsteine, weniger Wohlhabende nutzen bemalte Steine.

Zum Schluss … _____ Körper _____ Leinenbandagen umwickelt _____ in _____ Sarkophag _____.

Baustein 3: Mumien

Mumifizierung – Wissenschaft oder Zauberei?

1. Sichere die Fragmente, indem du die Lücken füllst.

Um einen Körper haltbar zu machen, muss das Wasser entzogen werden. Die Organe enthalten viel Flüssigkeit, daher sollten diese zuerst entnommen werden:

Entfernung des Gehirns

Um das Gehirn zu entfernen muss man mit einem spitzen Gegenstand durch die Nase ein Loch in den Schädel stoßen. Danach wird das Gehirn verrührt und durch die Nase herausgezogen. Alternativ kann man auch das Gehirn durch ein Loch am Hinterkopf heraussickern lassen.

Entnahme der inneren Organe

Hierzu schneidet man den Körper auf der Seite auf und entnimmt die inneren Organe (Magen, Lungen, Leber, Darm, Nieren).

Anschließend werden die Organe in ätherische Harze getränkt und in kleinen Gefäßen verstaut.

Das Herz muss unbedingt im Körper verbleiben, da dieses Organ Sitz der Seele und des Denkens ist!

Nachdem der Körper geräumt ist, werden die leeren Körperhöhlen mit mit Natronsalz gefüllten Säckchen befüllt, um dem Körper das Wasser zu entziehen.

Der Körper des Verstorbenen wird nun mit einem Mineralgemisch überdeckt, welches Körperflüssigkeiten durch die Haut entzieht und somit einer Verwesung vorbeugt.

Nach ca. 40 Tagen muss der Leichnam in einem Öl-Harzgemisch gebadet werden, damit die Haut wieder geschmeidig wird.

Abschließend legt man die Toten auf eine Bahre, damit der Körper abtropfen kann. Danach werden Einbalsamierungsflüssigkeiten, bestehend aus Harzen, Teeren und Ölen, in den Körper gefüllt, um ihn vor Bakterienbefall zu bewahren.

Der nun eingefallene Körper wird wieder mit Sand oder Sägespänen aufgefüllt und gepolstert, um ihn wieder natürlich aussehen zu lassen.

Als Augen verwendet man Edelsteine, weniger Wohlhabende nutzen bemalte Steine.

Zum Schluss wird der Körper noch mit Leinenbandagen umwickelt und in einen Sarkophag gelegt.

Baustein 3: Mumien

Mumien aus Äpfeln herstellen

Dafür brauche ich:

1 Apfel, 1 Schälmesser, 2 kleine Teller, 1 Paket Natron aus dem Supermarkt oder der Apotheke

So gehe ich vor:

1.) Zwei gleich große Scheiben von dem Apfel abschneiden.

2.) Anschließend die beiden Apfelscheiben mehrmals von beiden Seiten in Natronpulver wenden, bis sie von beiden Seiten gut bedeckt sind.

3.) Danach die Scheiben auf die beiden Glasteller legen und warten.

4.) Nach ca. einer Woche sind aus den Apfelscheiben „Apfelmumien" geworden. Diese sind nun ganz braun und hart.

Wie funktioniert das Mumifizieren?

Natron ist ein Salz. Dieses Salz entzieht den Apfelscheiben die Flüssigkeit und saugt sie in sich auf. Diesen Vorgang nennt man „Dehydration". Durch die entzogene Flüssigkeit wird der Apfel hart, trocknet aus und wird somit unendlich haltbar gemacht. Ungefähr so haben es auch schon die alten Ägypter mit ihren Pharaonen gemacht.

Viel Erfolg beim Nachmachen.

Baustein 3: Mumien

Mumifizierung – ein Geheimnis der alten Ägypter?

Im September 1991 fanden Wanderer in den Ötztaler Alpen einen Toten. Zunächst glaubten sie, einen verunglückten Bergsteiger vor sich zu haben. Bald aber stellte sich heraus, dass die Mumie schon sehr alt ist, nämlich 5 300 Jahre. Schnell wurde der Mann aus dem Eis Ötzi getauft.

Ötzi und alles, was man bei ihm fand, wurden genau untersucht. Eine Fundgrube für die Wissenschaftler, denn eine so alte Mumie aus der Steinzeit war noch nie gefunden worden. Man rekonstruierte nicht nur sein
5 Aussehen, sondern auch seine Kleidung, sein Werkzeug und seine Waffen. Ötzi war etwa 1,60 m groß und hatte lange, gewellte Haare. Er trug wohl auch einen Bart. Ötzi trug eine Jacke aus Ziegenfell und eine Mütze aus Bärenfell. Die „Hose" bestand aus zwei Beinlingen. Diese
10 Stoffröhren wurden an einen Gürtel gebunden, sodass sie nicht herunterrutschen konnten. Eine Grasmatte diente Ötzi wahrscheinlich als Schlafunterlage. Erstaunlich waren die Schuhe, denn man wusste nicht, dass es schon so ausgeklügelte Schuhe gab. Der Innenschuh war
15 aus Bast geflochten, es gab eine Polsterung aus Gras, die Sohle war aus Bärenfell, die Oberseite aus Hirschfell. Gefunden wurden auch ein Kupferbeil – das einzige vollständig erhaltene Beil aus dieser Zeit – und Pfeil und Bogen. Einen Gegenstand konnte man sich zunächst
20 nicht erklären. Er sah aus wie ein dicker Bleistift. Durch Experimente fand man heraus, dass dieser „Retuscheur" der Bearbeitung von Feuersteinklingen diente. In den Lindenholzstift war ein Span eines Hirschgeweihs eingesetzt worden. Eine Kraxe, also eine Art Gestell für den
25 Rücken, diente als Rucksack. Zwei Behälter aus Birkenrinde führte Ötzi ebenfalls mit sich. Der eine war wohl für Proviant gedacht, in dem anderen trug er Glut bei sich, um nicht immer neu Feuer machen zu müssen. Das war nämlich nicht nur langwierig, sondern bei Regen
30 auch fast unmöglich. Falls die Glut aber einmal ausgehen sollte, hatte er Feuerstein und Zunder ebenfalls dabei. Getrocknete Birkenporlinge, also Pilze, dienten ihm als steinzeitliche Medizin. Sie wirken blutstillend. Schließlich war auch der Feuersteindolch ein wichtiger
35 Gegenstand. Er trug ihn am Gürtel, wo er immer griffbereit war. Mit Ötzis Gesundheit stand es nicht zum Besten. Seine Gelenke taten ihm weh, die Zähne waren durch den Sand im Getreide abgenutzt, er hatte Würmer, das Nasenbein war gebrochen. Auf seinem Körper fand man eine Reihe von Tätowierungen. Die Haut wurde an
40 diesen Stellen eingeritzt und Kohlenstaub hinein gerieben. Man vermutet, dass das wie bei der Akupunktur die Schmerzen lindern sollte.

Wagner, Kirsten: „Wer war Ötzi?", 2009. In: http://www.kinderzeitmaschine.de/vorgeschichte/lucys-wissensbox/kategorie/steinzeit-menschen-von-den-ersten-bauern-bis-zu-den-kelten/frage/wer-war-oetzi.html?ut1=1&ht=1 [2.1.2018]

Ötzi wurde vermutlich aus „heimtückischen" Motiven umgebracht. Grund sei eine „persönliche Konfliktsituation" gewesen, sagte der Münchner Profiler und Hauptkommissar Alexander Horn der Deutschen Presse-Agentur am Montag in Bozen zum 25. Jahrestag der
5 Entdeckung der Gletschermumie. Ötzi habe nicht mit seinem Tod gerechnet, er sei wohl auch nicht auf der Flucht gewesen, da er noch vor seinem Tod gut gegessen habe. Er sei aus der Distanz mit einem Pfeil angeschossen worden. „Es entspricht dem heutigen Mordmerkmal Heimtücke." „Es ist wahrscheinlich, dass er (der Mord an
10 Ötzi) ähnlich banal ablief wie andere Morde heutzutage auch", so Horn weiter. Neid, Zurückweisung oder Kränkung könnten ein Motiv der Tat gewesen sein. Ob eine Beziehungstat, ein Auftragsmord oder gar eine Frau hinter der Tötung steckt, sei nicht zu sagen. „Dazu müsste
15 man das Opferumfeld befragen, und das gibt es ja in diesem Fall nicht." Der Fall könne vermutlich nie komplett aufgeklärt werden.

Reuther, Annette: Ötzi aus „heimtückischen" Motiven umgebracht. 20.09.2016. In: http://www.badische-zeitung.de/panorama/oetzi-aus-heimtueckischen-motiven-umgebracht--127393096.html [2.1.2018]

1. Lies den Text aufmerksam und markiere in unterschiedlichen Farben
   - Kleidung
   - Aussehen
   - Ausrüstungsgegenstände
   - Krankheiten
   - Todesursache
   - Mordmotive

2. Stelle ausgehend von deinen Kenntnissen über die Mumifizierung Vermutungen darüber an, weshalb die Mumie noch so gut erhalten ist.

AB 4b

Baustein 3: Mumien

Mumifizierung – ein Geheimnis der alten Ägypter?

Aussehen
- …
- …
- …
- …
- …

Kleidung
- …
- …
- …
- …
- …

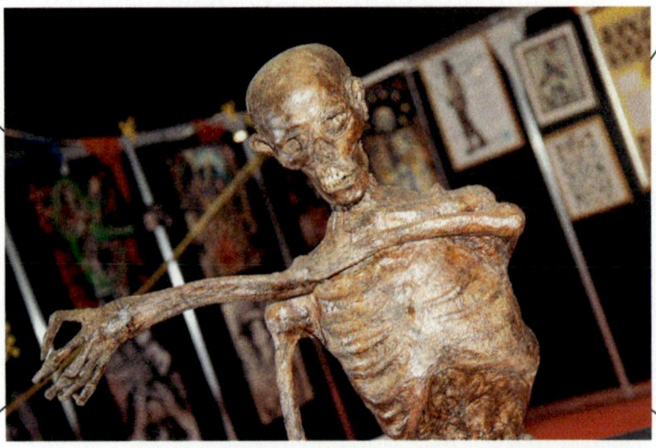

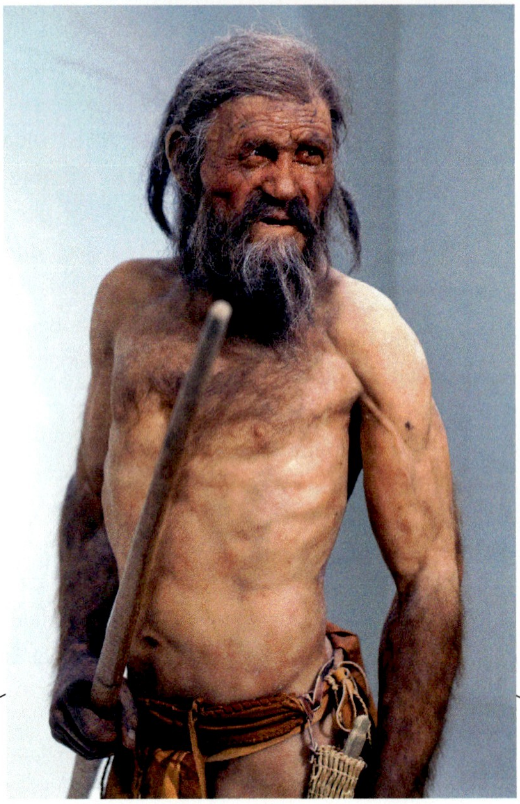

Ausrüstungs-gegenstände
- …
- …
- …
- …
- …

Gesundheits-zustand
- …
- …
- …
- …
- …

Todesursache
- …
- …
- …
- …
- …

Mordmotive
- …
- …
- …
- …
- …

Ötzis Mumie (oben), Rekonstruktion von Ötzi (unten)

1. Beschrifte die Mindmap mithilfe des Textes (AB 4a).

Baustein 3: Mumien

Mumifizierung – ein Geheimnis der alten Ägypter?

1. Beschrifte die Mindmap mit den im Text herausgearbeiteten Begriffen.

Aussehen
1,60 m, lange gewellte Haare

Kleidung
Mütze aus Bärenfell, Hose, Schuhe aus Bast, Gras, Hirsch- und Bärenfell, Gürtel

Ausrüstungsgegenstände
Schlafmatte aus Gras, Kupferbeil, Pfeil und Bogen, Werkzeug zur Bearbeitung von Feuerstein, Rucksack, Behälter aus Birkenrinde, Feuerstein und Zunder, Feuersteindolch

Gesundheitszustand
Gelenkschmerzen, abgenutzte Zähne, Würmer, Nasenbeinbruch

Todesursache
aus kurzer Distanz mit einem Pfeil erschossen

Mordmotive
Neid, Zurückweisung, Tötung, Beziehungstat

Rätsel — Baustein 3: Mumien

Teste dein Wissen

Im Folgenden sollst du überprüfen, ob die Aussagen korrekt oder nicht korrekt sind. Kreuze jeweils das entsprechende Kästchen an und begründe.

Aussage	korrekt	falsch	Begründung
Mumien können sowohl absichtlich als auch unabsichtlich überliefert werden.			
Mumien halten sich am besten, wenn sie feucht gelagert werden.			
Fachgerecht werden bei Mumien die inneren Organe entfernt.			
Da das Herz bei den alten Ägyptern das wichtigste Organ ist, muss es zwingend bei der Mumifizierung entfernt werden.			
Im alten Ägypten wurden die Körper mit Sand und Sägespänen aufgefüllt und gepolstert.			
Natronsalz eignet sich hervorragend zur Mumifizierung.			
Im alten Ägypten wurden nur wohlhabende Menschen auf solch aufwendige Art und Weise mumifiziert.			
Mumien sind ein Phänomen, dass man ausschließlich bei den alten Ägyptern antrifft.			
Der Gletschermann Ötzi ist nicht älter als 100 Jahre und kam durch einen Unfall ums Leben.			
Die Kleidung des Mannes aus dem Eis war für seine Verhältnisse recht fortschrittlich.			

Baustein 3: Mumien — **Lösung**

Teste dein Wissen

Im Folgenden sollst du überprüfen, ob die Aussagen korrekt oder nicht korrekt sind. Kreuze jeweils das entsprechende Kästchen an und begründe.

Aussage	korrekt	falsch	Begründung
Mumien können sowohl absichtlich als auch unabsichtlich überliefert werden.	X		Es gibt auch Leichen, die nicht vorsätzlich mumifiziert wurden. Sind die Gegebenheiten günstig, können sich Körper über Jahrtausende hinweg erhalten (Moorleichen, Ötzi).
Mumien halten sich am besten, wenn sie feucht gelagert werden.		X	Das Grundprinzip der Mumifizierung ist die Dehydratation. Feuchtigkeit würde dem entgegenwirken.
Fachgerecht werden bei Mumien die inneren Organe entfernt.	X		Da die inneren Organe viel Flüssigkeit enthalten, müssen sie entfernt werden, um einer Verwesung vorzubeugen.
Da das Herz bei den alten Ägyptern das wichtigste Organ ist, muss es zwingend bei der Mumifizierung entfernt werden.		X	Es ist zwar richtig, dass das Herz des wichtigste Organ ist, aber aus diesem Grund muss es im Körper verbleiben.
Im alten Ägypten wurden die Körper mit Sand und Sägespänen aufgefüllt und gepolstert.	X		Um ein natürliches Aussehen zu gewährleisten, wurden die eingefallenen Körper wieder mit den genannten Materialien ausgestopft.
Natronsalz eignet sich hervorragend zur Mumifizierung.	X		Natronsalz ist in der Lage, organischen Substanzen Flüssigkeiten zu entziehen.
Im alten Ägypten wurden nur wohlhabende Menschen auf solch aufwendige Art und Weise mumifiziert.	X		Die ärmeren Bevölkerungsschichten wurden lediglich im Wüstensand bestattet.
Mumien sind ein Phänomen, dass man ausschließlich bei den alten Ägyptern antrifft.		X	Der Gletschermann Ötzi zeigt, dass es überall auf der Welt Mumien gibt.
Der Gletschermann Ötzi ist nicht älter als 100 Jahre und kam durch einen Unfall ums Leben.		X	Der Mann aus dem Eis stammt aus der Jungsteinzeit und ist ca. 5000 Jahre alt. Darüber hinaus wurde er wahrscheinlich ermordet.
Die Kleidung des Mannes aus dem Eis war für seine Verhältnisse recht fortschrittlich.	X		Für die damaligen Verhältnisse war die Kleidung weit entwickelt. Sie war wind- und wetterfest und Ötzi war bestens für das Wandern in den Bergen ausgerüstet.

© Westermann Gruppe
Best.-Nr. 024743

Überblick Analyse

Baustein 4

Die Pyramiden

Überblick

Arbeitsblatt 1a – c
S. 59 – 61

- Mithilfe des **AB 1a** soll unter der Leitfrage **Quellen im Geschichtsunterricht – Sprechen Bilder immer die Wahrheit?** das Interesse der Schülerinnen und Schüler zum Thema Pyramiden geweckt werden. Darüber hinaus erkennen die Lernenden, dass man Bilder durchaus kritisch bewerten kann. Mit der Leitfrage **Das Innere der Cheopspyramide – unentdeckte Geheimnisse?** befassen sich die **Arbeitsblätter 1b** und **c**. Die wesentlichen Elemente der großen Pyramide werden hier erarbeitet.

Arbeitsblatt 2 a – b
S. 63 – 65

- Die **Arbeitsblätter 2 a – b** befassen sich unter Berücksichtigung der Leitfrage **Die Pyramidenbaustelle – Weltwunder in Handarbeit?** mit der Pyramidenbaustelle. Die Schülerinnen und Schüler bearbeiten hier einen Romanauszug aus Sabine Wierlemanns „Das Geheimnis des Pharaos".

Arbeitsblatt 3
S. 67 – 68

- **AB 3** thematisiert unter der Leitfrage **Der Bau der Pyramiden – ein ungelöstes Geheimnis?** nochmals die verschiedenen Theorien, die die Forscher zum Pyramidenbau diskutieren.

Sachanalyse

Die Pyramiden von Gizeh gehören zweifelsohne zu den berühmtesten Bauwerken der Welt und um kaum eine andere Sehenswürdigkeit ranken sich so viele Mythen und Legenden wie um die Grabstätten der alten Herrscher Ägyptens. Doch muss an dieser Stelle angeführt werden, dass Pyramiden in nahezu allen antiken Hochkulturen der Erde zu finden sind. Am

Verschiedene Pyramidenarten

bekanntesten dürften hier die Stufenpyramiden der indigenen Hochkulturen Süd- und Mittelamerikas sein. Doch auch in China finden sich beeindruckende Pyramiden, deren Funktion bis heute nicht restlos geklärt ist. Allen gemein ist eine besondere spirituelle Bedeutung, ob als Tempelanlage oder als Grabkammer für Könige erbaut. Eine Besonderheit wird den ägyptischen Pyramiden allerdings zuteil: Sie zählen zu den ältesten von Menschen

Weltwunder der Antike

erbauten Gebäuden und sind das einzige noch erhaltene antike Weltwunder. Man kann also sehen, dass die Thematisierung dieser außergewöhnlichen und rätselhaften Bauwerke im Unterricht für das Verständnis der alten Ägypter von entscheidender Relevanz ist. Zu den eigentlichen Pyramiden zählt ein ganzer Komplex, bestehend aus Gräberfeldern, Tempelanlagen und eben die bekannten Pyramiden. Historisch einzuordnen ist der Pyramiden-

Entstehungszeit der Pyramiden von Gizeh

komplex in die vierte Dynastie (ca. 2620 – 2500 v. Chr.), wenn auch die Anlage schon früher als Gräberfeld diente. Die größte der drei Hauptpyramiden ist die Cheopspyramide, benannt nach dem gleichnamigen Pharao Cheops. Seine Regentschaft lässt sich – je nach Quellenlage – auf die Jahre 2620 bis 2580 datieren. Die Große Pyramide, wie die Pyramide des Cheops auch genannt wird, besteht aus ca. 3 Millionen Steinquadern, die ein durch-

Maße der großen Pyramide

schnittliches Gewicht von 2,5 Tonnen aufweisen. Alleine das ist eine schier unglaubliche Leistung der antiken Ingenieure, die beim Bau auf keinerlei hydraulische Maschinen zurückgreifen konnten. Die Seitenlänge beträgt ca. 230 Meter, bei einer Höhe von ca. 138 Metern. Ursprünglich waren die Pyramiden mit glatt geschliffenen Kalksteinblöcken verkleidet, die jedoch im Laufe der Jahrtausende als Baumaterial für umliegende Siedlungen

Das Innere der Pyramide

dienten. Im Inneren der Pyramide befindet sich ein großer Gang, die große Galerie, an deren Ende die berühmte Königskammer liegt. Des Weiteren befindet sich noch unterhalb der

Baustein 4: Die Pyramiden

Überblick Analyse

Königskammer eine kleinere Grabkammer, die sogenannte Königinnenkammer im Inneren der Pyramide. Unterhalb der Bodenfläche fanden Archäologen noch eine weitere Grabkammer. Der Zugang zur Galerie und den Grabkammern erfolgte über einen schmalen Schacht, der zunächst nach schräg oben ins Innere des Bauwerkes führte. In der Antike war der Zugang zum Schutz der Gräber verschlossen. Die Chephrenpyramide ist mit ca. 136 Metern unwesentlich kleiner als die des Cheops. Die dritte Pyramide im Komplex von Gizeh ist die sogenannte Kleine Pyramide (Mykerinospyramide). Sie war mit einer ursprünglichen Höhe von ca. 65 Metern und einer durchschnittlichen Seitenlänge von 103 Metern deutlich kleiner als die beiden großen Pyramiden. Im Süden des Komplexes sind noch die drei kleinen Königinnenpyramiden angesiedelt.

Chephrenpyramide

Neben den Pyramiden ist die Sphinx – ein Fabelwesen, bestehend aus Menschenkopf und Löwenkörper – eine Skulptur, welche die Fantasie der Betrachter anregt. Es wird vermutet, dass es sich bei der Statue, welche die Anlage überwacht, um ein Artefakt des Sonnenkultes handelt. Die Sphinx war lange Zeit bis auf den Kopf mit Sand bedeckt, was ihre Konservierung förderte. Die Lage der einzelnen Bereiche ist dem beigefügten Plan zu entnehmen.

Sphinx

Zum Bau der monumentalen Bauwerke gibt es bis heute viele ähnliche Theorien. Zweifelsohne ist der genaue Ablauf nicht bekannt. Am wahrscheinlichsten scheint, dass die schweren Blöcke in einem Steinbruch in der Nähe des Nils geschlagen, über Flöße zu der Baustelle transportiert und vermutlich über Rampen und Rollen zur Baustelle bewegt wurden. Doch wie die bis zu fünf Tonnen schweren massiven Kalksteinblöcke letzten Endes auf die einzelnen Pyramidenplateaus gehoben wurden, ist unklar. Die Theorie einer äußeren Rampe wird widerlegt durch das Platzproblem. Die Rampe muss einen entsprechend flachen Steigungswinkel besitzen, damit die Steinblöcke noch transportiert werden können. Dies hat aber zur Folge dass die Rampe relativ lang wäre. Da sich aber bereits vor der Gipspyramide Gräber und Tempelanlagen in dem Umfeld der Baustelle befanden, scheint diese Möglichkeit eher abwegig. Eine innenliegende Rampe müsste bei einer höheren Pyramidenstufe auch weiter nach außen verlagert werden, um einen flachen Steigungswinkel zu garantieren. Dies würde jedoch mit den bereits vorhandenen Gräbern und Gängen, die sich um die Pyramide herum befanden, in Konflikt treten. Eine Schnecken- oder Integralrampe würde zwar das Platzproblem lösen, die Rampe selbst müsste aber sehr massiv gemauert werden, um dem enormen Gewicht der Blöcke entgegenzutreten. Darüber hinaus würden Messungsarbeiten während des Bauvorgangs durch die Rampe erschwert werden. Entgegen der landläufigen Meinung waren die Arbeiter überwiegend freie Männer, die als Tagelöhner auf den Baustellen ihren Lebensunterhalt verdienten. In Quellen wird uns sogar von Arbeitsniederlegungen der Bauarbeiter berichtet, weil deren Lohn nicht bezahlt wurde – der wohl erste Streik der Geschichte.

Theorien zum Pyramidenbau

Pyramidenfeld von Gizeh

Baumaterial

Rampentheorien

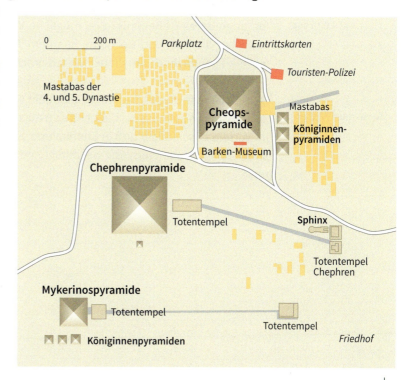

Überblick Analyse

Baustein 4: Die Pyramiden

Methodisch-didaktische Analyse

AB 1a
Die Abbildung des **AB 1a** eignet sich als stummer Impuls. Hierbei ist es interessant, den Schülerinnen und Schülern zunächst nur die untere Hälfte des Bildes zu präsentieren. Erfahrungsgemäß melden sich recht schnell einige Schülerinnen und Schüler, die das Bild beschreiben möchten. In einem Unterrichtsgespräch kann beispielsweise auch darauf eingegangen werden, in welcher Region sich die Stadt befinden könnte, was Besonderheiten der Architektur sind und in welchem Kulturkreis sie angesiedelt sein könnte (Moschee/Minarett im Vordergrund). In einer zweiten Phase kann dann die Abbildung komplettiert werden. Die meisten Schülerinnen und Schüler werden sich erstaunt äußern, dass es sich um Kairo und die Pyramiden von Gizeh handelt. In der Vorstellung der meisten Lernenden sind die Pyramiden weit abseits jeglicher Zivilisation in der Wüste verortet. Dies resultiert mit Sicherheit auch daraus, dass wir viele Abbildungen präsentiert bekommen, bei welchen die Metropole Kairo im Rücken des Fotografen liegt. Tatsächlich ist es aber so, dass die Stadt

Leitfrage
sich bis auf wenige Meter an die Pyramiden angenähert hat. Die Leitfrage **Quellen im Geschichtsunterricht – Sprechen Bilder immer die Wahrheit?** eignet sich in diesem Zusammenhang als Diskussionsgrundlage über den kritischen Umgang mit Fotografien in einem historischen Kontext. Hat man auf diese Weise das Interesse der Schülerinnen und Schüler

Leitfrage
geweckt, bietet es sich an, mit dem **Arbeitsblatt 1b** fortzufahren. Dieser theoretische Text beinhaltet in verknappter Form die wesentlichen Merkmale der Großen Pyramide (Cheops-

AB 1c
Pyramide). Das **Arbeitsblatt 1c** versteht sich als Ergebnissicherung. Die Leitfrage **Das Innere der Cheopspyramide – unentdeckte Geheimnisse** kann am Ende der Stunde im Plenum ausdiskutiert werden.

Leitfrage
Unter der Leitfrage **Pyramidenbaustelle – Weltwunder in Handarbeit?** bearbeiten die Lernenden einen Romanauszug aus „Das Geheimnis des Pharaos" von Sabine Wierlemann

AB 2a
(**AB 2a**). Die Schülerinnen und Schüler erfahren auf diese Weise, dass Geschichte nicht bloß trockene Theorie ist, sondern dass man sich auch auf spannende und aufregende Art und Weise in Form eines Jugendromans mit historischen Inhalten befassen kann. Das **Ar-**

AB 2b
beitsblatt 2b dient auch hier als Ergebnissicherung für die Arbeitsaufträge.

AB 3
Mit den unterschiedlichen Theorien zum Bau der Pyramiden befasst sich das **Arbeitsblatt 3**. Die Schülerinnen und Schüler bekommen unter der Leitfrage **Der Bau der Pyramiden –**

Leitfrage
ein ungelöstes Geheimnis? drei mögliche Varianten präsentiert und sollen im Anschluss zunächst die Vor- und Nachteile aus dem Text herausarbeiten, um dann zu diskutieren, welche Theorie ihnen am plausibelsten erscheint.

Spiel
(Teste dein Wissen)
Den Abschluss dieses Bausteins bildet ein Geschichtsmemory. Wenn es darauf ankommt, Zeit einsparen zu müssen, bietet es sich auch an, dass die Lehrkraft die einzelnen Kärtchen im Vorfeld zuschneidet und in Briefkuverts verpackt. Die Schülerinnen und Schüler können so auf spielerische Weise die wesentlichen Inhalte des Bausteins noch einmal rekapitulieren.

Baustein 4: Die Pyramiden

Quellen im Geschichtsunterricht – Sprechen Bilder immer die Wahrheit?

AB 1a

Getty Images/Radius Images, München

© Westermann Gruppe
Best.-Nr. 024743

AB 1b

Baustein 4: Die Pyramiden

Das Innere der Cheops-Pyramide – unentdeckte Geheimnisse?

alamy images/Peter Horree, Abingdon/Oxfordshire

Die Cheops-Pyramide ist das einzig noch erhaltene Weltwunder der Antike. Sie ist die älteste und zugleich größte der drei Pyramiden, weshalb man sie auch als „Große Pyramide" bezeichnet. Wie der Name vermuten
5 lässt, wurde die Pyramide als Grabmal des Pharao Cheops zwischen 2600 und 2500 v. Chr. errichtet. Die Pyramide erreichte ursprünglich eine Höhe von 146,50 m. Da aber im Mittelalter Pyramiden als Steinbrüche verwendet wurden, besitzt die Pyramide heute nur noch eine
10 Größe von ungefähr 138 m. Die heutige Seitenlänge beträgt ca. 225 m, was einer Grundfläche von 53.000 m² entspricht. Die Quader aus Kalkstein, aus denen die Pyramide gebaut wurde, wiegen durchschnittlich 2,5 t. Ausgehend von der Größe der Pyramide, schätzen For-
15 scher, dass sie aus ca. 2,3 Millionen Steinblöcken besteht, und ca. 6,25 Millionen t wiegt; das entspricht 16.000 Jumbojets.
Das Innere der Pyramide besteht aus einer Vielzahl von Gängen und Kammern, wobei noch immer nicht alle Ge-
20 heimnisse gelüftet wurden. Der ursprüngliche Eingang in das Kammersystem der Pyramide befand sich ca. 20 m über dem Boden an der Nordseite der Pyramide. Es wird vermutet, dass ein ca.
25 100 m langer, absteigender Gang unter die Pyramide führt und in der sogenannten Felsenkammer mündet. Bis heute ist nicht zweifel-
30 los geklärt, zu welchem Zweck diese Felsenkammer errichtet wurde. Unterhalb dieses ursprünglichen Eingangs wurde im frühen Mit-
35 telalter ein Tunnel gegraben, der nach ca. 30 m auf den absteigenden Korridor trifft. Genau an dieser Stelle befindet sich auch die Ver-
40 bindung zwischen dem ab- und aufsteigenden Korridor. Der aufsteigende Korridor führt ins Zentrum der Pyramide. Nach ca. 40 m weitet sich der schmale Schacht zur sogenannten Großen Galerie die letztlich in die Königskammer mündet. Dies ist
45 die eigentliche Grabkammer, in der sich auch der steinerne Sarkophag des Pharaos befindet.
Am Beginn der Großen Galerie beginnt auch ein horizontaler Gang, der in die sogenannte Königinnenkam-
50 mer führt. Diese Kammer gibt den Forschern allerdings einige Rätsel auf. Im Jahre 1925 wurde das Grab entdeckt und der Sarkophag geöffnet. Was man hier jedoch feststellte, erstaunte die Archäologen: Es befand sich keine Mumie im Sarg, die Grabbeigaben in der Kammer hinge-
55 gen waren alle unangetastet, woraus man schließen kann, dass offensichtlich keine Grabräuber für das Verschwinden der Mumie verantwortlich waren. Trotz intensiver Forschung sind auch bis heute noch nicht alle Geheimnisse dieser erstaunlichen Bauwerke gelüftet.

(Autorentext)

1. Markiere mit einem Textmarker sowohl die allgemeinen Informationen als auch Gänge und Kammern der Pyramide.

2. Fülle den Pyramidensteckbrief aus.

3. Beschrifte die Abbildung des Innenlebens der Cheops-Pyramide.

Baustein 4: Die Pyramiden

Das Innere der Cheops-Pyramide – unentdeckte Geheimnisse?

Name	
Alter	
Höhe	
Seitenlänge	
Grundfläche	
Gewicht	
Anzahl der Steine	
Baumaterial	
Funktion	

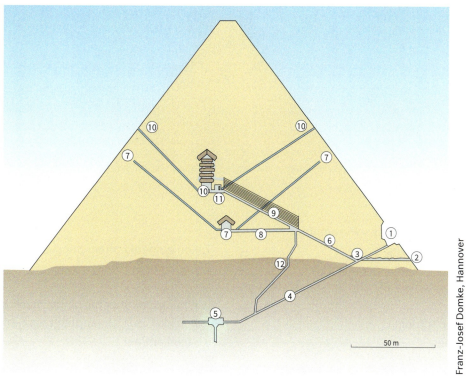

Franz-Josef Domke, Hannover

EH 1 b/c
Baustein 4: Die Pyramiden

Das Innere der Cheops-Pyramide – unentdeckte Geheimnisse?

1. Markiere mit einem Textmarker sowohl die allgemeinen Informationen als auch Gänge und Kammern der Pyramide.
2. Fülle den Pyramidensteckbrief aus.
3. Beschrifte die Abbildung des Innenlebens der Cheops-Pyramide.

Name	Cheops-Pyramide/Große Pyramide
Alter	ca. 4600 Jahre
Höhe	ursprünglich 146,50 m/aktuell ca. 138 m
Seitenlänge	ca. 225 m
Grundfläche	53 000 m²
Gewicht	6,25 Millionen t
Anzahl der Steine	2,3 Millionen
Baumaterial	Kalkstein
Funktion	Grabmal des Pharao Cheops; viele Geheimnisse noch offen

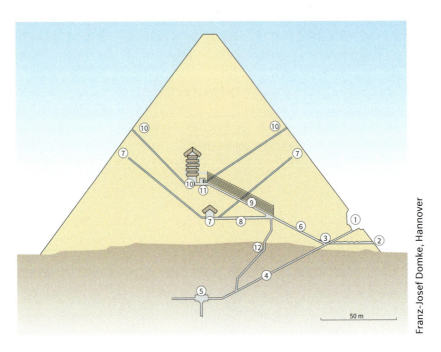

Franz-Josef Domke, Hannover

Querschnitt durch die Cheops-Pyramide:
1. Ursprünglicher Eingang
2. Al-Mamun-Tunnel (heutiger Zugang)
3. Verbindung zwischen ab- und aufsteigender Korridor
4. Absteigender Korridor
5. Felsenkammer
6. Aufsteigener Korridor
7. Königinnenkammer mit „Luftschächten"
8. Horizontaler Gang
9. Große Galerie
10. Köningskammer mit „Luftschächten"
11. Korridor zur Sarkophagkammer und Blockiersteinkammer
12. Luft- oder Fluchtschacht mit „Grotte"

Baustein 4: Die Pyramiden

Die Pyramidenbaustelle – Weltwunder in Handarbeit?

Bei ihrem zweiten Zeitreiseabenteuer landen die Zwillinge Mathilda und Felix mithilfe eines Uschebtis im Alten Ägypten zu Zeiten Pepis II., Pharao der 6. Dynastie und Bauherr der letzten Pyramide. Bevor die Geschwister die kleine Figur des Totendieners aber ihrem ursprünglichen Besitzer übergeben können und den Kindern dadurch die Rückreise in die Gegenwart möglich wird, müssen sie zahlreiche Abenteuer bestehen …

Jetzt drängte Pamu ihn zur Eile, der nächste Wandabschnitt musste vorbereitet werden, damit die Maler und Bildhauer ihre Arbeit ohne Verzögerung fortsetzen konnten. Die Bildhauer arbeiteten auf einem weißen
5 Untergrund, auf den sie mithilfe von senkrecht und waagerecht gespannten Fäden, die sie in rote Farbe getaucht hatten, ein Gitternetz aufbrachten. Mit diesen Hilfslinien war es für die Maler möglich, die Proportionen der Schriftzeichen und Bilder zu wahren. Mit schwarzer Far-
10 be trugen sie ihre Zeichnungen auf, die anschließend von den Bildhauern filigran mit Hammer und Meißel herausgearbeitet wurden.
Felix wunderte sich jedes Mal aufs Neue darüber, mit welcher Sorgfalt und Präzision die Männer hier ans
15 Werk gingen und das bei einer doch recht dürftigen Beleuchtung, denn die mit ölgetränkten Lappen umwickelten Fackeln, die in den Wandhalterungen steckten, erleuchteten die Halle mit ihrem Flackern nur unzureichend. Felix machte es nichts aus, Handlanger-
20 dienste zu übernehmen. So war das nun einmal, wenn man Lehrling war. Außerdem brauchte es bestimmt Jahre an Erfahrung, bis man so routiniert mit den Werkzeugen umgehen konnte wie Pamu. Der war ganz in seine Arbeit vertieft und froh darüber, dass Felix seinen Ar-
25 beitsplatz inzwischen schon selbstständig organisierte. Deshalb meldete sich Felix auch jetzt nicht ab, als er aus dem Materiallager Nachschub für die Gipsverkleidung der Grabkammer holen musste. Er kannte sich inzwischen im Inneren der Pyramide schon einigermaßen aus
30 […]. So richtig allein war man hier jedoch nie, denn in allen Gängen des weitverzweigten Inneren der Pyramide wurde gearbeitet: Handwerker kamen und gingen.

Jeder schien genau zu wissen, was zu erledigen war. Was für eine gewaltige Aufgabe, dieses monumentale Bauwerk zu errichten! 35
Pamu hatte erzählt, dass seit fast dreißig Jahren an diesem Riesen-Grab gebaut wurde. Die Bauern waren zwangsverpflichtet worden, um ihrem Herrscher eine angemessene Wohnstätte für die Ewigkeit zu schaffen. Immerhin garantierten sie somit nicht nur dem Pharao 40 ein Weiterleben nach dem Tod, sondern die Zwangsarbeit auf der Pyramiden-Baustelle war gleichzeitig ihre Fahrkarte in die Unsterblichkeit. Und das Versprechen auf ein Weiterleben nach dem irdischen Dasein war für die Ägypter das wichtigste Lebensziel überhaupt, so viel 45 hatte Felix schon verstanden.
Felix trat ins Freie und kniff die Augen zusammen. Das Licht der Sonne war gleißend hell und seine Augen waren an das Dämmerlicht im Innern der Pyramide gewöhnt. Kaum hatte er die Wache, die darauf achtete, 50 dass nur diejenigen die Pyramide betraten, die auch tatsächlich hier arbeiteten, passiert, hörte er den Lärm. Felix hielt sich die Hand an die Stirn, um die Augen vor der Sonne zu schützen und um erkennen zu können, was am Fuße der Pyramide los war. Er sah, dass einige Arbeiter 55 zu einem der Steinblöcke liefen, die mithilfe von Baumstämmen und Seilen den Weg an die Spitze der Pyramide finden sollten.
Die Männer hatten den Block bis kurz vor die Rampe gezogen, auf der der quadratische Koloss anschließend 60 mithilfe einer Seilwinde weiter hochgezogen werden sollte. Es fehlten nicht mehr viele Steine und die Pyramide würde mit der Spitze, dem aus einem Stück gefertigten Pyramidion, gekrönt werden. Anschließend würden die Rampen, die zu allen Seiten der Pyramide angelegt wa- 65 ren, abgetragen und gleichzeitig würde das noch stufenförmige Äußere der Pyramide verkleidet werden, um dem Grabmal eine glatte Oberfläche zu schenken.
Dem Tumult nach zu urteilen, musste sich dort unten ein Unfall ereignet haben. Felix hatte inzwischen ge- 70 lernt, dass jeder Handwerker sich hier auf der Baustelle ausschließlich um den Bereich zu kümmern hatte, für den er eingeteilt war, aber als er sich auf dem Weg zum Materiallager der Unfallstelle näherte, sah er, dass sich die Rollen unter dem Stein so verkeilt hatten, dass die 75 anwesenden Männer es nicht allein schafften, ihren verletzten Kollegen, dessen Fuß zwischen Rollen und Steinblock geraten war, zu befreien. Felix überlegte nicht lange, sondern packte mit an. Einer der Männer, wahrscheinlich der Anführer dieses Arbeitstrupps, fluchte 80 laut vor sich hin.

Baustein 4: Die Pyramiden

Die Pyramidenbaustelle – Weltwunder in Handarbeit?

„Immer diese Schlamperei! Warum muss ausgerechnet ich mit den unfähigsten Dummköpfen arbeiten. Der Unfall ist unnötig wie ein Schlangenbiss!" […]. Der Schimpfende bemerkte, dass es nicht ausreichte, sich wie gewohnt mit aller Kraft in die Zugseile zu werfen. Der Steinblock rührte sich keinen Millimeter von der Stelle. Immerhin schien der aufgebrachte Anführer zu merken, dass die Kraftausdrücke ihn nicht weiterbrachten. Hoffentlich würde dem Muskelprotz eine schnelle Lösung einfallen, dachte Felix. Die Schmerzensschreie des Arbeiters drangen ihm durch Mark und Bein. Man musste dem armen Mann doch endlich helfen!
Der Anführer des Arbeitskommandos inspizierte die Lage der Baumstämme, auf denen sich der aus dem Fels gehauene Quader normalerweise unter dem Einsatz entsprechender Muskelkraft gut transportieren ließ. Er gab einzelnen Arbeitern kurze Befehle und gemeinsam gelang es den Männern, die Schieflage der Rollen zu korrigieren. „Jetzt zeigt, warum ihr hier seid! Zieht an!", kommandierte er.
Die Arbeiter gaben Zug auf die Seile und ganz langsam setzte sich der riesige Stein tatsächlich in Bewegung. Felix setzte sein ganzes Gewicht ein. […]
Zum Glück war seine Arbeit leichter!
Als der Verletzte abtransportiert wurde, näherte sich der Oberaufseher der Unfallstelle.
„Was passiert jetzt mit ihm?", wollte Felix von dem Mann wissen, der neben ihm stand. „Er wird in den Tempel gebracht, jetzt liegt sein Schicksal in Horus' Hand. Er allein entscheidet, ob er leben wird oder nicht." Und mit Blick auf den heraneilenden Oberaufseher meinte er, „viel interessanter ist aber, was mit uns geschieht."…

Dr. Wierlemann, Sabine: Das Geheimnis des Pharaos. Hildesheim: Verlag Georg Olms, 2019. S. 49–52

1. Lies den Romanauszug aufmerksam.
2. Markiere die im Text genannten Werkzeuge und vervollständige die Tabelle (AB 2b).
3. Erläutere in eigenen Worten, wie die alten Ägypter die riesigen Felsquader, aus denen die Pyramide besteht, transportierten.
4. Erläutere, welche Funktion eine Pyramide besitzt.
5. Verfasse aus Felix' Perspektive einen Tagebucheintrag, der die Geschehnisse des Tages thematisiert.
6. Recherchiere, welche Werkzeuge und Maschinen auf heutigen Großbaustellen zum Einsatz kommen.

Baustein 4: Die Pyramiden

AB 2b

Die Pyramidenbaustelle – Weltwunder in Handarbeit?

Werkzeug	Funktion

EH 2a/b — Baustein 4: Die Pyramiden

Die Pyramidenbaustelle – Weltwunder in Handarbeit?

1. Lies den Romanauszug aufmerksam.

2. Markiere die im Text genannten Werkzeuge und vervollständige die Tabelle (AB 2b).

Werkzeug	Funktion
in Farbe getauchte Schnüre	Gitternetz zur Orientierung an der Wand
in Öl getränkte Baumwolllappen	Fackeln zur Beleuchtung der Baustelle
Hammer	Schlagwerkzeug
Meißel	Stoßwerkzeug zum Herausarbeiten der Reliefs
Seile aus Naturmaterial	Ziehen und Sicherung der Ladung
Seilwinden	Lenkrollen/Flaschenzug
Baumstämme	Rollen zum Transport der Steinquader

3. Erläutere in eigenen Worten, wie die alten Ägypter die riesigen Felsquader, aus denen die Pyramide besteht, transportierten.
Die Quader werden vom Steinbruch auf Flößen über den Nil zur Baustelle geschafft. Anschließend verwendet man hölzerne Rollen und Hanfseile.

4. Erläutere, welche Funktion eine Pyramide besitzt.
Eine Pyramide diente als Grabmal des Herrschers sowie zur Machtdemonstration.

5. Verfasse aus Felix' Perspektive einen Tagebucheintrag, der die Geschehnisse des Tages thematisiert.
Individuelle Schülerantwort.

6. Recherchiere, welche Werkzeuge und Maschinen auf heutigen Großbaustellen zum Einsatz kommen.
Individuelle Schülerantwort.
Zu erwarten wäre: Eine moderne Großbaustelle kommt ohne elektrische und hydraulische Maschinen nicht aus. So findet man beispielsweise als große Baumaschinen Schaufelbagger, Radlader, LKWs, Kräne sowie Arbeiter mit den üblichen Werkzeugen wie Hacke, Schaufel etc.

Baustein 4: Die Pyramiden

Der Bau der Pyramiden – ein ungelöstes Geheimnis?

Noch heute, fast 4000 Jahre nach dem Bau der Pyramiden, weisen die fantastischen Bauwerke viele Rätsel auf. Von den ersten einfachen Königsgräbern im Wüstensand bis hin zu den imposanten Pyramiden von Gizeh ist es eine vergleichsweise schnelle Entwicklung. Es dauerte nämlich keine 80 Jahre vom ersten größeren Bauwerk aus Stein, der Djoser Pyramide, bis hin zum Weltwunder der Antike: der Cheopspyramide. Die massiven Steinquader wurden mit einer Präzision angeordnet, die bei vielen anderen Bauwerken selbst in unserer heutigen Gegenwart kaum erreicht wird. Wie der eigentliche Bau konkret vonstattenging, ist bis heute noch umstritten. Forscher haben hierzu verschiedene Theorien entwickelt:

1. Theorie der äußeren Rampe:

Eine Möglichkeit, wie die Ägypter die Steinquader aufeinander geschichtet haben könnten, besagt, dass man eine Rampe aus Stein und Sand und Holzpfählen errichtete, um die Steinquader über Baumstammrollen auf das Plateau des Pyramidenrumpfes zu transportieren. Die Errichtung einer solchen Rampe geht relativ schnell vonstatten, was Experimentalarchäologen in einem Nachbau bewiesen haben. Jedoch muss diese Rampe mit jeder Steinlage auf die jeweilige Höhe neu angepasst werden. Dies führt dazu, dass die Rampe immer steiler und höher wird. Außerdem benötigt man immer mehr Material, um die Rampe zu erweitern. Dabei ist zu beachten, dass der Steigungswinkel der Rampe nicht zu steil sein darf, denn sonst könnte man die Steine nicht mehr nach oben befördern. Außerdem benötigt man für eine solche Rampe enorm viel Platz; dieser war beim Bau der Cheopspyramide jedoch nicht gegeben, da im Umfeld der Baustelle bereits Friedhöfe und Gräberanlagen errichtet wurden. Auch die Geografie des Geländes, das zum Teil recht steil abfällt, würde die Errichtung einer solchen Rampe zusätzlich erschweren. Daher ist diese Theorie, wenn auch theoretisch denkbar, in Forscherkreisen sehr umstritten.

2. Theorie einer innenliegenden Rampe:

Um der Platzproblematik entgegenzuwirken, besagt diese Theorie, dass es eine Rampe in der Mitte der Pyramide bis ins Innere des Pyramidenplateaus gegeben haben könnte. Die Steine wurden so über Rollen und Seile nach oben befördert. Erreicht man ein bestimmtes Höhenniveau, muss auch diese Rampe, um einen allzu steilen Steigungswinkel zu vermeiden, weiter nach außen verlagert werden. Doch auch diese Theorie lässt sich tatsächlich in der Praxis nicht umsetzen, da auch eine kürzere Rampe mit den im Süden befindlichen Gängen und Kammern der Cheopspyramide kollidieren würde.

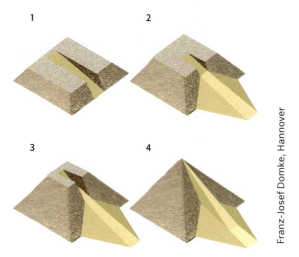

3. Theorie der außen umlaufenden Integralrampe

Eine dritte Theorie sieht eine Rampe vor, die außen um die Pyramide herum errichtet wurde. Der Vorteil darin besteht in dem konstanten Steigungswinkel. Außerdem benötigt man kaum Platz – anders als bei der Theorie mit einer Rampe. Die Rampe selbst könnte ebenfalls aus Steinen, Holz und Sand aufgeschichtet werden. Die Quader könnten dann entsprechend über die Rampe auf das jeweilige Pyramidenplateau transportiert werden. Auch hier sind wahrscheinlich Rollen und Seile als Hilfsmittel zum Einsatz gekommen. Diese Theorie scheint am wahrscheinlichsten, da die Rampe in relativ kurzer Zeit auf- und wieder abgebaut werden könnte. Außerdem wächst die Rampe mit jeder Pyramidenstufe im gleichen Steigungswinkel. Ein Nachteil dieser Methode ist Forschern zufolge die Stabilität der Rampe. Diese müsste bei einem Gewicht der Pyramidenquader von durch-

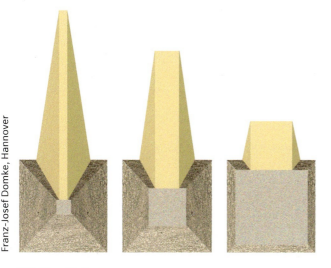

Baustein 4: Die Pyramiden

Der Bau der Pyramiden – ein ungelöstes Geheimnis?

schnittlich fünf Tonnen sehr massiv gemauert sein, um ein Abfließen der Rampe zu verhindern. Mit zunehmender Höhe wird dies jedoch immer schwieriger. Darüber hinaus ist an den Ecken der Wendeplatz, den man zur Verfügung hat, relativ gering. Ein weiterer Nachteil, der sich aus dieser Methode ergeben würde, wäre die Tatsache, dass man Seiten der Pyramide während der Bauarbeiten nicht genau vermessen kann, da die Rampe diese verdeckt, was eine exakte Konstruktion erschwert hätte.

Diese drei Theorien geben lediglich Möglichkeiten vor, wie der Bau der Pyramiden vonstattengegangen sein könnte. Fakt ist auch, dass man sich heute über den genauen Bauablauf uneinig ist. Und so geben die Pyramiden von Gizeh uns auch für kommende Generationen noch viele Rätsel auf, die es zu lösen gilt.

(Autorentext)

1. Lies den Text über die Theorien zum Bau der Pyramiden aufmerksam und markiere mit zwei Farben Vorteile (grün) und Nachteile (blau) der jeweiligen Theorie.

2. Fülle anschließend die Tabelle aus.

Vorteile	Nachteile
•	•
•	•
•	•
•	•
•	•
•	•

3. Diskutiert in der Gruppe, welche Theorie euch am wahrscheinlichsten erscheint. Begründet eure Meinung.

Baustein 4: Die Pyramiden

EH 3

Der Bau der Pyramiden – ein ungelöstes Geheimnis?

1. Lies den Text über die Theorien zum Bau der Pyramiden aufmerksam und markiere mit zwei Farben Vorteile (grün) und Nachteile (blau) der jeweiligen Theorie.

2. Fülle anschließend die Tabelle aus.

Vorteile	Nachteile
1. Theorie	
• schnelle Errichtung der Rampe	• neue Anpassung der Rampe bei jeder Ebene • steile, hohe Rampe • enormer Platzbedarf • abfallendes Gelände
2. Theorie	
• Rampe ragt in die Pyramide • große Längen bei der Rampe werden vermieden	• Rampe würde eher steil werden • Platzproblematik
3. Theorie	
• konstanter Steigungswinkel • kurze Konstruktionszeit der Rampe • Rampe wächst gleichmäßig	• drohende Instabilität • Rampe muss 5tstandhalten • viel Baumaterial für die Rampe

3. Diskutiert in der Gruppe, welche Theorie euch am wahrscheinlichsten erscheint. Begründet eure Meinung.
   Individuelle Schülerlösung.

Spiel — Baustein 4: Die Pyramiden

Teste dein Wissen

Pyramiden-„Memory"

Schneide die Kärtchen aus und lege sie anschließend verdeckt auf den Tisch, mische sie gut durch und ordne sie in einer symmetrischen Reihenfolge an. Die Regeln des Spiels folgen dem klassischen Memory. Zwei Spieler treten gegeneinander an. Jeweils zwei Kärtchen passen thematisch zusammen. Schaffst du es, alle Paare zu finden?

das einzig noch erhaltene Weltwunder der der Antike	durchschnittliches Gewicht der Quader	Baumaterial	6,25 Millionen t	Gitternetz als Hilfe für Wandmalerei	ölgetränkte Lampen und Fackeln
Cheopspyramide	2,5 t	4600 Jahre	Funktion des Bauwerks	Lichtquelle	Holzstämme
Alter der Cheopspyramide	53 000 m²	Grabmal des Pharao	Grundfläche der Pyramide	Hauptgrabraum	Integralrampe
Kalkstein	Gewicht der Pyramide	in rote Farbe getränkte Fäden	Rollen zum Transport der Quader	Theorie zum Bau der Pyramide	Königskammer

Baustein 4: Die Pyramiden — Lösung

Teste dein Wissen

Pyramiden-„Memory"

das einzig noch erhaltene Weltwunder der Antike	Cheopspyramide
durchschnittliches Gewicht der Quader	2,5 t
Baumaterial	Kalkstein
Gewicht der Pyramide	6,25 Millionen t
in rote Farbe getränkte Fäden	Gitternetz als Hilfe für Wandmalerei
Lichtquelle	ölgetränkte Lampen und Fackeln
Alter der Cheopspyramide	4600 Jahre
Grundfläche der Pyramide	53000 m²
Funktion des Bauwerks	Grabmal des Pharao
Holzstämme	Rollen zum Transport der Quader
Hauptgrabraum	Königskammer
Theorie zum Bau der Pyramide	Integralrampe

Überblick Analyse

Baustein 5

Schreiber und Schrift

Überblick

In diesem Baustein befinden sich Arbeitsblätter zum Thema „Schrift und Schreiber". Wie wichtig die Schrift für den Historiker ist, um über vergangene Zeiten zu lernen, ist den Lernenden zumeist nicht bewusst. Im Fall des alten Ägypten ist eine Beschäftigung mit der Schrift und dem Beruf des Schreibers gerade wegen der Besonderheit der Zeichen historisch besonders interessant und für die Schülerinnen und Schülern in gleichem Maße spannend.

Arbeitsblätter 1a/b
S. 75 – 76

- Unter der Leitfrage **Ich verstehe nichts – oder: Die Entzifferung der Hieroglyphen** (**AB 1a**) erkennen die Lernenden die Schwierigkeit, Informationen aus einer Sprache zu ziehen, zu der man keinerlei Bezug hat und die einem völlig fremd und undurchdringbar erscheint. Im Anschluss daran erfahren sie die Geschichte des Steins von Rosetta (**AB 1b**), der genau dieses Problem hat lösen können. Darüber hinaus beschäftigen sie sich mit dem Wert von (Schrift-)Sprache im Allgemeinen.

Arbeitsblätter 2a/b
S. 79 – 80

- Die Fragestellung **Der Beruf des Schreibers – ein Traumjob?** regt eine Auseinandersetzung der Schülerinnen und Schüler mit der Vorstellung eines Traumjobs an (**AB 2a**). Dabei prüfen sie in Form eines Bewerbungsschreibens, ob der Beruf des Schreibers damals als Traumjob zu verstehen gewesen ist (**AB 2b**).

Arbeitsblatt 3
S. 82

- Unter der Fragestellung **Papyrus herstellen – ein verlerntes Handwerk?** bekommen die Schülerinnen und Schüler die Möglichkeit, das Schreibmaterial, um das es in diesem Baustein ging, unter Anleitung selbst herzustellen und zu beschriften bzw. zu dekorieren (**AB 3**).

Sachanalyse

Quellenarten

Die Quellen, mit denen der Historiker meist arbeitet, sind Schriftquellen. Auf sie ist die Geschichtsbetrachtung angewiesen, um Einblicke in vergangene Zeiten zu erhalten. Natürlich erzählen auch andere Quellenarten Geschichte, aber Schriften sind doch das Medium, das Historikern die komplexesten Beschreibungen der Vergangenheit liefert. Wie sehr man dabei darauf angewiesen ist, diese Schriftstücke auch zu verstehen, also entziffern zu können, gerät häufig – gerade im Verständnis der Lerngruppe – ins Abseits. Um diese weitreichende Bedeutung erfahrbar zu machen, bietet sich eine Untersuchung des Steins von Rosetta an. Diese Schrifttafel war 1799 von französischen Soldaten in der ägyptischen Hafenstadt Rosetta im westlichen Nildelta gefunden worden. Der schwarze Stein sollte sich als Schlüssel zur Entzifferung der Hieroglyphen herausstellen, denn das Wissen um die hieroglyphische Schrift ging nach dem 4. Jahrhundert n. Chr. verloren. In der Renaissance hatte man sich vergeblich darum bemüht, diesen alten Wissensschatz zu bergen. Der Stein war in drei Teile untergliedert, die jeweils unterschiedliche Schriften aufweisen: Hieroglyphen (heilige Schrift), demotische Schrift (eine vereinfachte ägyptische Handschrift) und Griechisch. In dem griechischen Text war zu lesen, dass die hier aufgeschriebene Verordnung einmal als Hieroglyphen, einmal in demotischer Schrift und einmal auf Griechisch zu sehen war. Die Wissenschaftler fanden es trotz dieses hilfreichen Hinweises schwierig, vom Griechischen und dem Demotischen, was bereits bekannt war, auf die Bedeutung der Hieroglyphen zu schließen. Francois Champollion gelang es nach langjähriger Arbeit, die

Funktion von Quellen

Übersetzung der Hieroglyphen

Baustein 5: Schreiber und Schrift

Hieroglyphen zu entziffern. Den entscheidenden Entschlüsselungscode entnahm den sogenannten Kartuschen, Umrahmungen, die als Hervorhebungen aus dem Text dienten. Die Kartuschen ermöglichen es ihm den Namen Kleopatra und Ptolemäus aus den Hieroglyphen als Lautwerte herauszuarbeiten. Von hier nahm das Erstellen eines Übersetzungsalphabets seinen Ausgang. Heute befindet sich der Stein als Exponat im Britischen Museum in London.

Das Schriftzeichensystem der Hieroglyphen vergrößerte sich stetig, sodass insgesamt 7 000 Zeichen bekannt sind, wovon ein Schreiber in der Regel ca. 700 benutzte. Die Schrift selbst hatte bei den Ägyptern verschiedene Bedeutungen. Einmal galt sie als dekorativ und religiös, zum anderen aber auch als wichtige administrative Unterstützung. Hierbei wurden allerdings nicht die dekorativen aufwendigen Hieroglyphen benutzt, sondern eine Abwandlung, eine Art Schreibschrift – Hieratisch. Die hieratische Schrift ist ein Vorläufer der demotischen Schrift, die den Mittelteil des Steins von Rosetta bildet. Ab dem 3. Jahrhundert n. Chr. entstand die koptische Schrift, die durch griechische Buchstaben umgesetzt wurde. Da die Schrift im alten Ägypten einen solch hohen Stellenwert besaß, aber die Analphabetenquote bei ca. 90 % lag, war auch der Beruf des Schreibers ein hoch angesehener; davon zeugt die aufwendige Grablegung der Schreiber und ihre Stellung am Hofe. Auch in der Götterwelt ist der Beruf des Schreibers in Verkörperung des Gottes Toth ein Indiz für seine wichtige Stellung.

Beruf des Schreibers

Das Schreibmaterial der Schreiber bestand in erster Linie aus Papyrus, der aus der Papyruspflanze gewonnen wurde und der im Vergleich zur Beschriftung von Tontafeln oder Ähnlichem die Verwaltungsarbeit ungemein erleichterte. Die Bedeutung von Papyrus für die gesamte antike Welt darf daher nicht unterschätzt werden. Die Wichtigkeit der Papyruspflanze zeigt sich auch in der Etymologie. Der altägyptische Name „pa-per-aa" bedeutet übersetzt Besitz des Pharaos. Im Altgriechischen wandelte sich der Name zu „papure" und später zu „Papyrus" bis hin zu unserem heutigen Wort „Papier".

Kompetenz: Textverständnis

Methodisch-didaktische Analyse

Mithilfe des **AB 1a** sollen die Lernenden ein Gespür dafür erhalten, wie sehr man im Alltagsleben, aber auch in der Geschichtswissenschaft auf die Schrift und hier speziell auf das Verstehen der Schrift angewiesen ist. Die Lernenden werden mit **AB 1a** auf das Problem gestoßen, dass Archäologen und Historiker bis zur Entdeckung und Entzifferung des Steins von Rosetta hatten. Diese erfahrbare Problematisierung unter dem Aspekt Ich verstehe nichts – oder: Die Entzifferung der Hieroglyphen bereitet sie auf das **AB 1b** vor.

AB 1a
AB 1a
Leitfrage

AB 1b erzählt der Lerngruppe die Geschichte der Entdeckung und Entzifferung des Steins von Rosetta durch französische Soldaten bzw. durch den Wissenschaftler Francois Champollion. Da die im Verfassertext enthaltenen Informationen sehr viele sind und einiges Fachvokabular eingeführt wird, sollen die Jugendlichen hier in einem ersten Schritt die dargestellte Geschichte frei nacherzählen unter Zuhilfenahme einiger feststehender Wörter. Dies kann schriftlich oder mündlich erfolgen. In dem daran sich anschließenden Gedankenexperiment reflektieren die Schülerinnen und Schüler über die Bedeutung von Schriftsprache. Gedankenexperimente sind im gesellschafts- und geisteswissenschaftlichen Unterricht besonders wichtig, um vermeintlich gesetzte Selbstverständlichkeiten zu verfremden und so zu einer eigenen Einschätzung des behandelten Themas zu gelangen. In einer dritten und vierten Aufgabenstellung wird ein Brückenschlag in die Jetztzeit mithilfe eines kulturellen Querschnitts gemacht. Einerseits erkennen die Lernenden, welche Vorteile Zeichensprachen gegenüber Schriftsprachen haben – nämlich dass sie in unserer modernen Welt auf universales Verständnis stoßen. Andererseits wird der sprachkulturelle

AB 1b

Überblick Analyse

Baustein 5: Schreiber und Schrift

Horizont der Schülerinnen und Schüler erweitert, indem sie eine Liste moderner Sprachen erstellen, die nicht unsere lateinischen Schriftzeichen verwenden. Diese Aufgabe ist wertvoll, um der Lerngruppe aufzuzeigen, dass unterschiedliche Kulturen sich auch in unterschiedlichen Sprachsystemen manifestieren und dass das uns umgebende System bei Weitem nicht das einzige System ist.

AB 2 a

Leitfrage

AB 2 b

AB 2 a bildet die Überleitung von Schrift zu Schreiber. Angeregt von einer zeitgenössischen Abbildung eines Schreibers sollen die Schülerinnen und Schülern zunächst von ihrem Traumberuf erzählen und danach unter der Leitfrage **Der Beruf des Schreibers – ein Traumjob?** die Bedeutung des Schreibers für die altägyptische Welt erarbeiten. Dazu dient Aufgabe 2) sowie **AB 2 b**.

AB 2 b

In Anlehnung an die Lehre des Duachety, in der ein Vater versucht, seinem Sohn den Beruf des Schreibers schmackhaft zu machen, indem er ihm die unangenehmen Seiten anderer Berufe aufzählt, muss das **AB 2 b** gesehen werden. Hier wird den Lernenden eine Stellenausschreibung für einen Schreiber vorgelegt, auf die sie sich bewerben sollen. Die Schülerinnen und Schüler sollen hierbei konkret auf die Inhalte der Stellenausschreibung reagieren und somit ihr Textverständnis schulen und andererseits kreativ mit der Form eines Bewerbungsschreibens umgehen. Im Anschluss an die Aufgabe können die Ergebnisse in der Klasse präsentiert und über die einzelnen Vorstellungen Feedbackrunden gehalten werden in Form einer Peer-Evaluation. (Das bedeutet, dass sich die Schülerinnen und Schüler in einer selbst gewählten oder von der Lehrkraft eingeteilten Gruppe etwas eigenständig erarbeiten oder sich gegenseitig korrigieren.) In einer letzten Aufgabe wird der Bogen zurück zu **AB 2 a** gespannt. Nun sollen die Schülerinnen und Schüler die Vorteile des Berufes des Schreibers mit den Vorteilen ihres Traumberufs vergleichen. Die meisten Lernenden werden sehen, dass die Überlegungen, unter denen die Wahl auf einen Job als Traumberuf fällt, sich von damals zu heute nicht notwendigerweise besonders unterscheiden.

AB 2 a

AB 3

Mithilfe des **AB 3** nähert sich die Lerngruppe der Beschäftigung mit den antiken Schreibmitteln. Dieses Arbeitsblatt soll dazu dienen, das Gelernte handwerklich anzuwenden. Zunächst machen die Lernenden sich mit der antiken Herstellung von Papyrus vertraut. Danach sollen sie selbst, entweder im Geschichts- oder Kunstunterricht oder als (vorbereitende) Hausaufgabe Papyrus herstellen und als Schreibmittel verwenden. Im Anschluss an diese kreative, handwerkliche Aufgabe beschäftigen sich die Schülerinnen und Schüler mit Schreibmitteln der heutigen oder jüngsten Zeit und reflektieren über Vor- und Nachteile. Hier kann im Sinne der Medienerziehung auch thematisiert werden, dass der digitale Fußabdruck, den wir mit dem Schreibmittel Computer oder Smartphone hinterlassen, für uns schwerer zu kontrollieren ist als die Frage, in welche Hände eine Papyrusrolle gerät. Hier wäre auch eine Diskussion denkbar, inwiefern neue Medien die Geschichtsschreibung künftiger Zeiten erschweren bzw. erleichtern. In einer dritten Aufgabe sollen sich die Lernenden darüber informieren, wie heutzutage Papier hergestellt wird. Die Recherche hat einerseits zum Ziel, eine Bewusstseinsförderung zum Thema Ressourcen zu wecken; andererseits findet hier ein Abgleich mit damaligen und heutigen Prozessen statt.

Baustein 5: Schreiber und Schrift

Ich verstehe nichts – oder: Die Entzifferung der Hieroglyphen

AB 1a

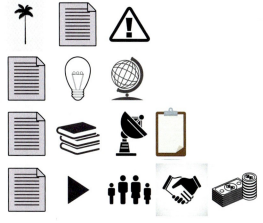

alle: alamy images/Alamy Vektorgrafik, Abingdon Oxfordshire;
Palme: Romanovska, Liudmyla; Dokument: Velasquez, Diana Johanna; Warndreieck: Ramos, Giuseppe; Glühbirne: Jemastock; Globus: Oleksii Afanasiev; Bücher: Anton Shaparenko; Antenne: iconim; Klemmbrett: Aslanturk, Yilmaz; Start: YAY Media A5; Menschen: TukTuk Design; Hände: Gnüchwitz, Bastian; Geld: Ramos, Giuseppe

1. Versuche, die oben stehenden vier Sätze aus Bildzeichen zu „übersetzen". Was könnte uns der Text sagen?

_____
_____
_____
_____

2. Was könnte dir helfen, die Sätze zu verstehen, wenn du den Text nicht mit Sicherheit entziffern kannst, aber es keine deutsche Übersetzung dazu gibt?

_____
_____
_____

3. Du hast Glück! Es gibt wenigstens eine Übersetzung des Textes auf Englisch. Vielleicht kannst du damit den Text entziffern und ins Deutsche übersetzen?
Egyptian writing consists of symbols.
Writing is important all over the world.
Writing helps to hold on to history, to spread news and to make lists.
Writing helps to run a state and do trade.

_____
_____
_____
_____
_____

4. Kannst du jetzt eine kleine Vokabelliste der ersten drei Zeichen erstellen?

🌴 _____
📄 _____
⚠ _____

© Westermann Gruppe
Best.-Nr. 024743

Baustein 5: Schreiber und Schrift

Ich verstehe nichts – oder: Die Entzifferung der Hieroglyphen

Historiker und Archäologen standen lange vor dem gleichen Problem wie du gerade. Sie hatten zwar Texte aus Hieroglyphen, den ägyptischen Schriftzeichen, aber sie wussten nicht, was die Zeichen ihnen sagen wollten – es lebte ja keiner mehr, der diese Sprache lesen, schreiben und sprechen und ihnen übersetzen konnte. Hinzu kam, dass die Hieroglyphen sich im Laufe der Zeit, in der sie als Schrift benutzt wurden, auch veränderten. Anfänglich verwendeten die Ägypter Bildzeichen als Schriftzeichen. Ein Bild von einem Haus bedeutete z. B. „Haus". Nach und nach benutzte man die Hieroglyphen allerdings auch als Lautzeichen. So bedeutete ein Symbol einen bestimmten Laut.

Wie sollte man sich da nur zurechtfinden? Der Franzose François Champollion sah im 19. Jahrhundert die Abbildung des Steins von Rosetta, den französische Soldaten in Ägypten gefunden hatten. Diese Granittafel war mit einem Text in drei verschiedenen Schriften versehen: Die Bildzeichen der Hieroglyphen (wie man sie aus Tempeln und Pyramiden kennt) oben, dann ein demotischer Text, der für das alltägliche Schreiben verwendet wurde, in der Mitte und unten einen Text auf Griechisch.

Hier schien es sich um denselben Text in drei verschiedenen Schriften zu handeln. Da die Gelehrten des 19. Jahrhunderts Griechisch lesen konnten, wussten sie also, was auf dem Stein steht, aber sie konnten die einzelnen griechischen Laute und Worte nicht den Hieroglyphen oder der demotischen Schrift zuordnen. So einfach wie das Entziffern der Hieroglyphen auf dem Arbeitsblatt war es nämlich nicht. Somit lag das Geheimnis der Bedeutung der ägyptischen Schrift immer noch im Dunkeln. Aber François Champollion gab nicht auf. 14 Jahre brütete er über dem Stein von Rosetta, bis ihm schließlich etwas Entscheidendes auffiel: Die umrahmten Zeichen (Kartuschen) mussten Namen von Pharaonen oder Göttern sein, die wegen ihrer Wichtigkeit aus dem Text hervorgehoben wurden. In dem griechischen Text kamen die Namen Ptolemäus und Kleopatra vor. In der Kartusche stand der Name Kleopatra, also musste das erste Zeichen den Laut K bedeuten. Das zweite Zeichen musste also ein L sein. Das mittlere Zeichen in Ptolemäus war dasselbe wie das zweite (unten) in Kleopatra, also ein L, das von einem Löwen symbolisiert wurde. Der letzte Laut in Ptolemäus musste ein S sein. Durch den Vergleich der beiden Namen konnte Champollion noch drei weitere Zeichen entziffern.

(Autorentext)

Stein von Rosetta

Ptolemäus

Kleopatra

Baustein 5: Schreiber und Schrift

Ich verstehe nichts – oder: Die Entzifferung der Hieroglyphen

In einer Art Vokabelliste stellte er dann zusammen, welche Hieroglyphen welchem Laut unseres Alphabets entsprechen. Damit war das Geheimnis der ägyptischen Schrift gelüftet.

1. Erzähle die Geschichte des Steins von Rosetta frei mithilfe der folgenden Wörter nach: Soldaten, François Champollion, Hieroglyphen, Demotisch, Griechisch, Kartuschen, Kleopatra, Ptolemäus.

2. Gedankenexperiment: Stelle dir vor, du bist auf einer Reise durch das Universum und kommst auf einem fremden Planeten an. Die Bewohner des Planeten können jede erdenkliche Sprache verstehen. So ist es auch kein Problem, sich mit dir zu unterhalten. Du erfährst, dass diese Wesen keine Ahnung davon haben, was Schrift ist. Du kannst es nicht fassen! Sie bitten dich, eine Rede zu halten, um die Vorteile von Schrift für ihren Alltag und ihre Kultur darzustellen. Verfasse diese Rede.

3. Auch heute werden noch Bildzeichen als Sprachmittel verwendet. Zeichne unten die Bildzeichen auf, die es in unserer modernen Welt gibt, und schreibe ihre Bedeutung dazu.

4. Liste moderne Sprachen auf, die nicht unsere Schriftzeichen verwenden.

© Westermann Gruppe
Best.-Nr. 024743

Baustein 5: Schreiber und Schrift

Ich verstehe nichts – oder: Die Entzifferung der Hieroglyphen

➡ Zu AB 1a

1. Versuche, die oben stehenden vier Sätze aus Bildzeichen zu „übersetzen". Was könnte uns der Text sagen?
   Individuelle Schülerantworten.

2. Was könnte dir helfen, die Sätze zu verstehen, wenn du den Text nicht mit Sicherheit entziffern kannst, aber es keine deutsche Übersetzung dazu gibt?
   Es könnte mir helfen, wenn die Zeichen eine Bedeutung für mich aufweisen oder wenn ich den Text in eine Sprache übersetzt finden würde, die ich verstehe.

3. Du hast Glück! Es gibt wenigstens eine Übersetzung des Textes auf Englisch. Vielleicht kannst du damit den Text entziffern und ins Deutsche übersetzen?
   Die ägyptische Schrift besteht aus Bildzeichen.
   Schrift ist auf der ganzen Welt wichtig.
   Mit Schrift kann man die Geschichte festhalten, Nachrichten verbreiten und Listen erstellen.
   Mit Schrift kann man den Staat verwalten oder Handel betreiben.

4. Kannst du jetzt eine kleine Vokabelliste der ersten drei Zeichen erstellen?

Ägyptisch/Ägypten

Schrift

Symbol

alle: alamy images/Alamy Vektorgrafik, Abingdon Oxfordshire;
Palme: Romanovska, Liudmyla; Dokument: Velasquez, Diana Johanna; Warndreieck: Ramos, Giuseppe

➡ Zu AB 1b

1. Erzähle die Geschichte des Steins von Rosetta frei mithilfe der folgenden Wörter nach: Soldaten, François Champollion, Hieroglyphen, Demotisch, Griechisch, Kartuschen, Kleopatra, Ptolemäus.
   Individuelle Schülerantworten.

2. Gedankenexperiment: Stelle dir vor, du bist auf einer Reise durch das Universum und kommst auf einem fremden Planeten an. Die Bewohner des Planeten können jede erdenkliche Sprache verstehen. So ist es auch kein Problem, sich mit dir zu unterhalten. Du erfährst, dass diese Wesen keine Ahnung davon haben, was Schrift ist. Du kannst es nicht fassen! Sie bitten dich, eine Rede zu halten, um die Vorteile von Schrift für ihren Alltag und ihre Kultur darzustellen. Verfasse diese Rede.
   Individuelle Schülerantworten.

3. Auch heute werden noch Bildzeichen als Sprachmittel verwendet. Zeichne unten die Bildzeichen auf, die es in unserer modernen Welt gibt, und schreibe ihre Bedeutung dazu.
   Individuelle Schülerantworten.

4. Liste moderne Sprachen auf, die nicht unsere Schriftzeichen verwenden.
   Arabisch, Hebräisch, Japanisch, Koreanisch etc.

Baustein 5: Schreiber und Schrift

Der Beruf des Schreibers – ein Traumjob?

1. Erzähle von deinem Traumberuf und begründe deine Wahl.
2. Stelle Vermutungen darüber an, warum der Job des Schreibers für viele Ägypter ein Traumberuf war.

Baustein 5: Schreiber und Schrift

Der Beruf des Schreibers – ein Traumjob?

Stellenausschreibung:

Sie haben keine Lust, sich wie ein Metallarbeiter bei seiner Arbeit am Ofen die Finger zu verkohlen und ständig unangenehm zu riechen? Sie haben keine Lust, wie der Töpfer am Lehm zu kleben und sich in von Lehm hartgebackener Kleidung fortzubewegen? Sie haben keine Freude daran, harte Feldarbeit wie die Bauern zu verrichten?

Stattdessen haben Sie Interesse daran, Ihr eigener Vorgesetzter zu sein? Sie wollen saubere, hoch angesehene Arbeit ausführen, bei der Sie der Gott Thot als Schutzpatron begleitet? Sie möchten nah mit dem Pharao und dem Wesir zusammenarbeiten?

Dann sind Sie bei uns genau richtig! Wir suchen dringend Schreiber für die ägyptische Verwaltung, da die Steuern geschätzt und berechnet werden müssen, die Gewinne aufgeschrieben werden müssen und letztlich auch die Erträge zu verteilen sind.

Wenn Sie also lesen, schreiben und rechnen können, dann melden Sie sich bitte bei uns mit einem Bewerbungsschreiben. Stellen Sie darin deutlich dar, warum Sie der Richtige für diesen Job sind.

Sie wollen jetzt bereits schon Ihr Kind zum Schreiber ausbilden lassen? Dann schicken Sie es im fünften Lebensjahr für zwölf Jahre in eine unserer Ausbildungsstätten. Danach winkt Ihrem Sprössling eine goldene Zukunft. Bei Interesse melden Sie sich bei uns.

1. Bewirb dich auf die Stelle des Schreibers mit einem Bewerbungsschreiben. Stelle darin deine Motivation dar, Schreiber zu werden, und mache deutlich, warum du der Richtige für diesen Job bist.
2. Präsentiere dein Bewerbungsschreiben vor der Klasse.
3. Vergleiche die Vorteile des Berufes des Schreibers mit den Vorteilen deines Traumberufes. Wo finden sich Gemeinsamkeiten, wo finden sich Unterschiede?

Baustein 5: Schreiber und Schrift

Der Beruf des Schreibers – ein Traumjob?

→ Zu AB 2 a

1. Erzähle von deinem Traumberuf und begründe deine Wahl.
   Individuelle Schülerantwort.

2. Stelle Vermutungen darüber an, warum der Job des Schreibers für viele Ägypter ein Traumberuf war.
   Individuelle Schülerantwort.

→ Zu AB 2 b

1. Bewirb dich auf die Stelle des Schreibers mit einem Bewerbungsschreiben. Stelle darin deine Motivation dar, Schreiber zu werden, und mache deutlich, warum du der Richtige für diesen Job bist.
   Die Lernenden greifen die im Text genannten Punkte auf und wandeln sie in eine kreative Schreibaufgabe um. Dabei gilt es auch, die Form eines formellen Schreibens einzuhalten.

2. Präsentiere dein Bewerbungsschreiben vor der Klasse.
   Schülerpräsentation

3. Vergleiche die Vorteile des Berufes des Schreibers mit den Vorteilen deines Traumberufes. Wo finden sich Gemeinsamkeiten, wo finden sich Unterschiede?
   Vorstellbar als Tabelle, mögliche Antworten:

Gemeinsamkeiten	Unterschiede
– saubere Arbeit – hoch angesehen – interessant – gute Bezahlung – Ausbildungs-/Studiumsberuf	– schwere Ausbildung – lange Ausbildungszeit – langweilig

Baustein 5: Schreiber und Schrift

Papyrus herstellen – ein verlerntes Handwerk?

Die alten Ägypter schrieben auf Papyrus, den sie aus der Papyruspflanze gewannen, die an den Ufern des Nils wuchs. Nach dem Ernten wurde die Schale entfernt und man schnitt das Mark in dünne Streifen. Diese Streifen wurden mehrfach in ein Wasserbad gelegt, um sie weich zu machen, damit das Plattklopfen danach nicht so schwerfiel. Man musste die eingeweichten Streifen so oft plattklopfen, bis die Streifen durchsichtig geworden waren. Dann legte man die Streifen längs nebeneinander und quer übereinander, so dass eine feste Schicht entstand, die man dann mit einem Holzhammer so lange klopfte, bis die Streifen durch den freigesetzten Pflanzensaft zusammenklebten. Danach musste das Blatt unter einem schweren Stein für mehrere Tage getrocknet werden. Im Anschluss glättete man die rauhe Oberfläche mit einem Stein oder einer Muschel, damit der Schreiber bei seiner Arbeit nicht ständig mit dem Schreibgerät an der Oberfläche des Blattes hängen blieb. Fertig war der Papyrus. Eine ganz schön aufwendige Arbeit, die heute kaum noch praktiziert wird.

Aber man kann Papyrus auch aus normalem Papier, so wie man es heutzutage überall kaufen kann, machen. Den Herstellungsprozess kann man relativ einfach nachstellen und er ist auch nicht so aufwendig wie damals.

Du benötigst:
- Papier
- eine Schere
- einen Behälter mit Wasser
- ein Brett (Clipboard)
- Frischhaltefolie
- einen flachen Holz- oder Gummihammer
- zum Bemalen: einen schmalen, dünnen Pinsel und Tinte oder andere Farbe

Schritt 1: Schneide das Papier in 1 cm breite und 30 cm lange Streifen.
Schritt 2: Tauche die Papierstreifen in Wasser und lege sie auf das Brett bzw. klemme sie längs am Clipboard fest. Lege die Streifen nebeneinander, dass sie die Fläche des Brettes bedecken.
Schritt 3: Webe die restlichen Papierstreifen horizontal in die auf dem Brett liegenden Streifen hinein.
Schritt 4: Bedecke die gewebte Fläche mit Frischhaltefolie, sodass alles gut zusammenbleibt.
Schritt 5: Klopfe mit einem Holz- oder Gummihammer auf die gewebten Papierstreifen bis die gewebte Fläche gut zusammenklebt.
Schritt 6: Entferne vorsichtig die Frischhaltefolie und trockne dein Papyrusblatt in der Sonne oder an einem anderen warmen Ort, bis es komplett trocken ist. Es wird sich bräunlich verfärben.
Schritt 7: Versuche dich jetzt als Schreiber, indem du probierst, das Papyrus zu bemalen und zu beschriften. Verwende dazu den Pinsel und die Tinte oder eine andere Farbe.
Schritt 8: Stellt eure Ergebnisse in einem Gallery-Walk im Klassenzimmer aus.

1. Papyrus als Schreibmittel wurde abgelöst durch andere. Fertige eine Liste von Schreibmitteln an und notiere dir jeweils deren Vor- und Nachteile.

2. Informiere dich darüber, wie heutzutage Papier hergestellt wird.

Baustein 5: Schreiber und Schrift

Papyrus herstellen – ein verlerntes Handwerk?

1. Papyrus als Schreibmittel wurde abgelöst durch andere. Fertige eine Liste von Schreibmitteln an und notiere dir jeweils deren Vor- und Nachteile.

Schreibmittel	Vorteile	Nachteile
Papier	leicht, faltbar, in beliebiger Größe herstellbar	kann leicht verrotten, vergilbt
Tontafeln	haltbar, überdauert die Zeit	muss erst gebrannt werden, relativ schwer, geringe Größe, brüchig
Stein	sehr haltbar	schwer zu transportieren, hohes Gewicht, aufwendige Bearbeitung
Pergament	haltbar, wiederverwendbar	relativ aufwendig, teuer in der Herstellung
...	...	...

2. Informiere dich darüber, wie heutzutage Papier hergestellt wird.
   Um Papier herzustellen, braucht man zunächst Faserstoffe und Wasser. Die Faserstoffe sind zumeist pflanzlich, können aber auch aus Textilien gewonnen werden. Die Faserstoffe werden klein gemahlen, wobei sie gebleicht werden, wenn man besonders weißes Papier herstellen möchte. Danach wird Wasser zugegeben und das Gemisch – der Ganzstoff – wird vermengt. In einem nächsten Schritt wird der Ganzstoff auf einem Sieb verteilt, sodass das überflüssige Wasser abtropfen kann. Was auf dem Sieb zurückbleibt, nennt man Vlies – dieser Stoff ist dem Endprodukt Papier schon ziemlich ähnlich. Das Vlies wird nun gewalzt, um ein gleichmäßiges Produkt mit weniger Wasser herzustellen. Um das immer noch im Vlies verbleibende Wasser zu eliminieren, wird der Stoff in einem speziellen Ofen getrocknet. Im Anschluss wird die Oberfläche des Papiers noch veredelt und geglättet, auf große Rollen aufgezogen, geschnitten und verpackt.

Rätsel — Baustein 5: Schreiber und Schrift

Teste dein Wissen

Schreiber und Schrift

L	L	F	U	U	D	T	G	T	Q	P	I	Q	M	R	X
Q	H	F	H	R	V	V	U	S	N	W	Y	W	F	I	G
G	S	X	I	D	T	S	P	H	X	E	V	L	L	T	P
X	C	R	E	C	H	A	M	P	O	L	L	I	O	N	F
N	H	I	R	K	Q	H	K	I	C	C	L	G	Z	S	F
H	R	Q	O	T	F	C	R	J	M	S	T	R	A	O	S
B	E	K	G	B	O	S	H	G	G	F	M	I	G	O	E
X	I	C	L	Q	F	I	R	G	Q	R	U	E	H	N	D
R	B	Q	Y	H	B	T	B	H	E	J	S	C	O	E	G
O	E	U	P	J	K	O	R	Q	C	L	Y	H	N	I	T
I	R	V	H	R	V	M	D	O	O	W	R	I	V	K	F
K	P	R	E	M	M	E	O	T	C	V	V	S	Z	P	Z
M	T	P	N	D	S	D	V	J	L	D	T	C	T	Y	S
R	Q	F	A	J	P	B	R	X	L	N	L	H	O	M	C
K	I	L	W	M	I	P	A	P	Y	R	U	S	T	W	U
M	V	G	S	I	L	J	D	R	X	Y	R	E	H	R	F

Dies Wörter sind versteckt:

① Papyrus   ② Demotisch   ③ Hieroglyphen

④ Griechisch   ⑤ Champollion   ⑥ Toth

⑦ Schreiber

Baustein 5: Schreiber und Schrift

Rätsel

Teste dein Wissen

Nachdem du die Wörter im Suchsel gefunden hast, schreibe sie in Hieroglyphenschrift auf. Benutze dafür das unten stehende Alphabet.

A	F	KH	K	Y
A	M	KH CH	G	Y
I	N	S Z	T	U W
U W	R	S	TJ	M
B	H	SH	D	N
P	H	K	DJ	L

1) _____

2) _____

3) _____

4) _____

5) _____

6) _____

7) _____

Lösung — Baustein 5: Schreiber und Schrift

Teste dein Wissen

Schreiber und Schrift

L	L	F	U	U	D	T	G	T	Q	P	I	Q	M	R	X
Q	H	F	H	R	V	V	U	S	N	W	Y	W	F	I	G
G	S	X	I	D	T	S	P	H	X	E	V	L	L	T	P
X	C	R	E	C	H	A	M	P	O	L	L	I	O	N	F
N	H	I	R	K	Q	H	K	I	C	C	L	G	Z	S	F
H	R	Q	O	T	F	C	R	J	M	S	T	R	A	O	S
B	E	K	G	B	O	S	H	G	G	F	M	I	G	O	E
X	I	C	L	Q	F	I	R	G	Q	R	U	E	H	N	D
R	B	Q	Y	H	B	T	B	H	E	J	S	C	O	E	G
O	E	U	P	J	K	O	R	Q	C	L	Y	H	N	I	T
I	R	V	H	R	V	M	D	O	O	W	R	I	V	K	F
K	P	R	E	M	M	E	O	T	C	V	V	S	Z	P	Z
M	T	P	N	D	S	D	V	J	L	D	T	C	T	Y	S
R	Q	F	A	J	P	B	R	X	L	N	L	H	O	M	C
K	I	L	W	M	I	P	A	P	Y	R	U	S	T	W	U
M	V	G	S	I	L	J	D	R	X	Y	R	E	H	R	F

Dies Wörter sind versteckt:

① Papyrus ② Demotisch ③ Hieroglyphen

④ Griechisch ⑤ Champollion ⑥ Toth

⑦ Schreiber

Baustein 5: Schreiber und Schrift — **Lösung**

Teste dein Wissen

Nachdem du die Wörter im Suchsel gefunden hast, schreibe sie in Hieroglyphenschrift auf. Benutze dafür das unten stehende Alphabet.

A	F	KH	K	Y
A	M	KH CH	G	Y
I	N	S Z	T	U W
U W	R	S	TJ	M
B	H	SH	D	N
P	H	K	DJ	L

1) (Papyrus)

2) (Demotisch) — (e und o im Alphabeth nicht vorhanden)

3) (Hieroglyphen) — (e und o nicht vorhanden)

4) (Griechisch) — (e nicht vorhanden)

5) (Champollion) — (o nicht vorhanden)

6) (Toth) — (o nicht vorhanden)

7) (Schreiber) — (e nicht vorhanden)

Überblick Analyse

Baustein 6

Gesellschaft der Ägypter

Übersicht

In diesem Baustein finden Sie Arbeitsblätter zur gesellschaftlichen Gliederung des alten Ägyptens. Die Gesellschaft war stark hierarchisch gegliedert.

Arbeitsblatt 1a–d
S. 90–93

- Die **Arbeitsblätter 1a–d** thematisieren unter dem Aspekt **Gesellschaft und Berufe – Aufgaben der einzelnen Berufsgruppen** die Arbeitsbereiche unterschiedlicher Gruppen der altägyptischen Gesellschaft.

Arbeitsblatt 1e
S. 94

- Das **Arbeitsblatt 1e** versteht sich als Ergänzung zu den AB 1a–d und dient zur Ergebnissicherung der Arbeitsaufträge.

Sachanalyse

Pharao als oberster Herrscher

Die Gesellschaft der alten Ägypter war streng hierarchisch gegliedert. An der Spitze der Gesellschaft und des Staates stand der gottgleiche Herrscher, der den Titel „Pharao" trug. Ihm alleine oblagen die Staatsgeschäfte sowie der Oberbefehl über das Heer. Es galt, das Land vor Eindringlingen zu schützen, die es auf den Wohlstand der Ägypter abgesehen hatten, und den Wohlstand des Reiches durch Eroberungsfeldzüge zu mehren. Um diese Aufgaben wahrnehmen zu können, war der Wesir – der Stellvertreter des Königs – seinerzeit einer der wichtigsten und angesehensten Berufe. Die soziale Stellung war untrennbar mit dem beruflichen Stand verbunden, war dieser doch erblich und so vom Vater zum Sohn weitergegeben. Eine Durchmischung der Schichten oder gar der soziale Aufstieg war faktisch nicht möglich. Das Amt des Wesirs, welches nur von einer Person bekleidet wurde, kann am ehesten als Statthalter des Pharao beschrieben werden. Zu seinem Aufgabenspektrum zählte, dafür zu sorgen, dass die Befehle des Herrschers in allen Landesteilen umgesetzt wurden. Darüber hinaus sprach er auch im Namen des Pharao Recht und war aufgrund seiner Weisheit als Streitschlichter tätig. Dem Wesir direkt unterstellt waren die hohen Beamten, die den Beruf des Schreibers ausübten. An sie delegierte er die Befehle des Pharao. Die Schreiber sorgten dafür, dass das Recht und der göttliche Wille des Herrschers bis in die entlegensten Landesteile durchdrangen. Die Bezeichnung „Schreiber" ist in diesem Zusammenhang etwas irreführend. Sicherlich waren die Mitglieder dieses Standes hochgebildet, wenn auch das Schreiben nicht zu ihren zentralsten Aufgaben zählte. Vielmehr würde man heute die Bezeichnung Staatsbeamte verwenden. Das Rückgrat der Gesellschaft bildeten die Handwerker und Bauern. Erstere waren für die Herstellung von Waren wie Gebrauchsgegenstände, Waffen, Schiffe etc. zuständig oder arbeiteten als Maurer oder Bildhauer auf einer der zahllosen Baustellen. Denn entgegen der weitverbreiteten Meinung, die Pyramiden wären von Sklaven errichtet worden, waren die Arbeiter auf den Baustellen in einem Angestelltenverhältnis tätig und bekamen regelmäßigen Lohn für Ihre Mühen. Es gibt Schriften, die von einem Streik berichten, den Arbeiter organisierten, weil die Zahlungen ausblieben und die Arbeitsbedingungen unzumutbar waren. Letztlich sorgten die Bauern mit ihren Familien für die Versorgung des Reiches mit Getreide und anderen wertvollen Feldfrüchten. Dank der Nilschwemme, die fruchtbaren Schlamm auf die Felder der Bauern spülte, konnten ertragreiche Ernten eingeholt werden, ohne die sich Ägypten sicherlich nicht zu einer Hochkultur solchen Ausmaßes hätte entwickeln können.

Wesir als Stellvertreter

Schreiber

Handwerker

Bauern

Baustein 6: Gesellschaft der Ägypter

Überblick Analyse

Methodisch-didaktische Analyse

Die **Arbeitsblätter 1a – d** vermitteln den Schülerinnen und Schülern einen schematischen – didaktisch reduzierten – Überblick über die ägyptische Gesellschaft. Es bietet sich an, die Arbeitsblätter in Form einer arbeitsteiligen Gruppenarbeit erarbeiten zu lassen. Die einzelnen Gruppen können nach der Bearbeitung dem Plenum die Ergebnisse präsentieren. Als Ergebnissicherung dient die Tabelle (**Arbeitsblatt 1e**). Da die Präsentation erfahrungsgemäß viel Zeit in Anspruch nimmt, lässt sich Zeit einsparen, indem jeweils eine Referenzgruppe die Ergebnisse während der Erarbeitung parallel auf eine vorbereitete Folie überträgt. Die Lehrkraft muss hierfür lediglich das **AB 1a** entsprechend der Anzahl der Gruppen auf eine Overheadfolie kopieren. Alternativ zur Präsentation im Plenum kann die Sicherung der Ergebnisse auch in Form eines Gruppenpuzzles erfolgen. Die Schülerinnen und Schüler suchen sich hierfür einen Partner/eine Partnerin aus einer anderen Gruppe und erläutern sich die Ergebnisse gegenseitig. Eine Lernkontrolle erfolgt dann mithilfe des Suchsels. Ergänzend kann durch folgendes Tafelbild die Hierarchie innerhalb der ägyptischen Gesellschaft visualisiert werden:

AB 1a – d

Gruppenarbeit

Sicherung AB 1e

AB 1a

Alternative: Gruppenpuzzle

Tafelbild

Die Gesellschaft der alten Ägypter

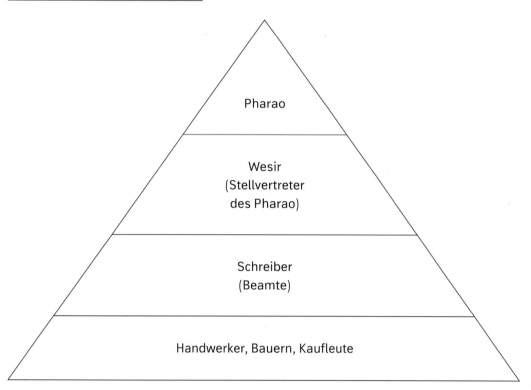

Baustein 6: Gesellschaft der Ägypter

Gesellschaft und Berufe

Der Wesir

Guten Tag,
mein Name ist Akhenaten und ich bin der Wesir am Hofe des Pharaos. Da der Pharao nicht überall gleichzeitig sein kann aber sich sicher sein muss, dass seine Befehle umgesetzt werden, braucht er mich. Ihr seht also, dass mein Job, ohne dass ich angeben will, ein sehr wichtiger ist. Ich achte nicht nur darauf, dass die Befehle des Pharaos ausgeführt werden, sondern ich berichte meinem König auch, was in seinem Reich alles geschieht. Das Reich ist ja riesig und der Pharao reist nicht ständig umher, um sich ein Bild vor Ort zu machen. Das Reisen zählt zu meinen Aufgaben und wenn ich unterwegs bin, ist das zwar anstrengend, aber ich lebe immer sehr luxuriös in tollen Häusern mit Dienern, exotischen Tieren und riesigen Gärten, an denen ich mich erfreuen kann. Manchmal nennt mich der Pharao seine Augen und Ohren, und ich finde, mit diesem Lob übertreibt er nicht! Eigentlich müsste er mich auch sein Gehirn nennen, denn bei wichtigen Entscheidungen, berät er sich auch mit mir.
Wenn ihr euch die ägyptische Gesellschaft wie eine Pyramide vorstellt, stehe ich also gleich unter dem Pharao. Unter mir stehen sonst alle anderen. Mit dem Schreiber kümmere ich mich darum, welche Abgaben und Dienste die arbeitende Bevölkerung für den Pharao entrichten muss. Weil ich als sehr weise gelte – und es auch bin – arbeite ich auch als Streitschlichter.

1. Lies den Text und markiere die Aufgabenbereiche des Wesirs.

2. Trage seine Aufgaben dann in die Tabelle auf AB 1 e in Stichpunkten ein.

3. Bereite dich darauf vor, den Beruf des Wesirs dem Rest deiner Gruppe vorzustellen.

4. Präsentiere den Beruf des Wesirs den Gruppenmitgliedern und achte darauf, dass die anderen deine Stichpunkte in die Tabelle eintragen.

5. Trage die Informationen, die du durch die Präsentation der anderen Berufe erhältst, in die Tabelle ein.

6. Begründe, welcher Beruf/welche Berufe des alten Ägyptens die wichtigsten waren. Stelle außerdem in einer Gesellschaftspyramide mit dem Pharao an der Spitze dar, wie die Berufe gemäß ihrem Ansehen angeordnet waren.

Baustein 6: Gesellschaft der Ägypter

Gesellschaft und Berufe

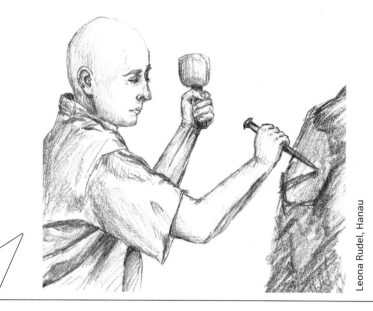

Der Handwerker

Hallo,
mein Name ist Zuberi und ich bin stolz, mich einen Handwerker, genauer gesagt, einen Steinmetz zu nennen. Tja, was macht ein Steinmetz? Ihr kennt sicherlich die Cheopspyramide? Das ist z. B. eine der Arbeiten, an denen ich mitgewirkt habe. Ohne mich würde es die großartigen Bauwerke, für die Ägypten so bekannt ist, überhaupt nicht geben. Meine Kollegen und ich sind monate- und jahrelang damit beschäftigt, den Kalk-und Sandstein so in Form zu bringen, dass jeder Stein genau dort hinpasst, wo er hinpassen soll. Natürlich machen wir die Arbeit nicht alleine, sondern haben Arbeiter (oft saisonweise), die uns unterstützen. Außerdem arbeiten auf einer solch großen Baustelle auch Maurer, Maler und Zimmerleute. Es heißt immer, dass auf den Baustellen nur arme Sklaven arbeiten würden, aber das ist ein Gerücht. Wir, die Arbeiter auf den Baustellen, verdienen gar nicht schlecht und arbeiten ja auch in dem Wissen, dass wir einen wichtigen Beitrag zur Großartigkeit unseres Reiches leisten.

Wir Handwerker sind eine angesehene Berufsgruppe, da wir meistens unter dem Pharao oder einem ihm direkt unterstellten Beamten arbeiten. Außerdem sind wir nicht nur Handwerker, nein, wir sind auch Künstler. Ich selbst bin nicht nur Steinmetz, der an den Pyramiden und Tempeln und anderen Bauwerken arbeitet, sondern auch Bildhauer, der wahre Kunst herstellt. Für diese Arbeiten habe ich manchmal mehr Zeit, als mir lieb ist, denn wenn ich auf einer Baustelle arbeite, wohne ich auch in deren Nähe und bin weit entfernt von meiner Familie. So ist die Bildhauerei ein Zeitvertreib, der mir das Heimweh nimmt.

1. Lies den Text und markiere die Aufgabenbereiche eines Handwerkers.

2. Trage seine Aufgaben dann in die Tabelle auf AB 1 e in Stichpunkten ein.

3. Bereite dich darauf vor, den Beruf des Handwerkers dem Rest deiner Gruppe vorzustellen.

4. Präsentiere den Beruf des Handwerkers den Gruppenmitgliedern und achte darauf, dass die anderen deine Stichpunkte in die Tabelle eintragen.

5. Trage die Informationen, die du durch die Präsentation der anderen Berufe erhältst, in die Tabelle ein.

6. Begründe, welcher Beruf/welche Berufe des alten Ägyptens die wichtigsten waren. Stelle außerdem in einer Gesellschaftspyramide mit dem Pharao an der Spitze dar, wie die Berufe gemäß ihrem Ansehen angeordnet waren.

© Westermann Gruppe
Best.-Nr. 024743

Baustein 6: Gesellschaft der Ägypter

Gesellschaft und Berufe

Der Bauer

Hallo, darf ich mich vorstellen? Ich heiße Geb und arbeite als Bauer. Das bedeutet, dass ich mich um die Felder des Pharaos kümmere. Der Job eines Bauern kann eigentlich nur als kleines Familienunternehmen durchgeführt werden. Außer mir arbeiten auch alle anderen Familienmitglieder auf dem Feld. Das ist ein harter Job, mit langen Arbeitszeiten und häufig schlechten Wetterbedingungen. Doch ich ertrage mein Los, da ich weiß, dass das ganze Reich auf uns Bauern angewiesen ist. Denn wir sichern die Versorgung nicht nur des Pharaos und der Königsfamilie, sondern des ganzen Volkes. Das bedeutet aber auch, dass ich die Früchte meiner Arbeit nicht selbst behalten darf, sondern den weitaus größten Teil an die Beamten des Königshofes abgeben muss, die dann die Ernte wieder gerecht – wie sie sagen – verteilen. Für uns, die wir die Ernte aussäen und einholen, bleibt nur wenig zum Leben übrig. Allerdings muss ich sagen, dass wir immer versorgt sind. Denn sobald die Nilschwemme kommt und es nichts mehr zu ernten gibt, bekommen wir Getreide aus den staatlichen Speichern des Pharaos. Das sichert uns immer das Überleben. Ihr braucht allerdings nicht zu glauben, dass ich in der Zeit der Nilschwemme Freizeit ohne Ende hätte. Nein! In dieser Zeit kommt es nicht selten vor, dass ich auf einer der vielen Baustellen des Pharaos eingesetzt werde.

Hat sich der Nil wieder zurückgezogen, wird das jetzt fruchtbare Land gepflügt und besät. Doch damit nicht genug! Die Nilschwemme, so wichtig sie auch ist, hat auch ihre zerstörerischen Seiten und so fallen allerlei Reparaturarbeiten an, wie z.B. das Wiederherstellen von Bewässerungskanälen. Ohne diese Arbeiten würde es keine Ernte geben und unser Volk würde elendiglich verhungern.

1. Lies den Text und markiere die Aufgabenbereiche eines Bauern.
2. Trage seine Aufgaben dann in die Tabelle auf AB 1 e in Stichpunkten ein.
3. Bereite dich darauf vor, den Beruf des Bauern dem Rest deiner Gruppe vorzustellen.
4. Präsentiere den Beruf des Bauern den Gruppenmitgliedern und achte darauf, dass die anderen deine Stichpunkte in die Tabelle eintragen.
5. Trage die Informationen, die du durch die Präsentation der anderen Berufe erhältst, in die Tabelle ein.
6. Begründe, welcher Beruf/welche Berufe des alten Ägyptens die wichtigsten waren. Stelle außerdem in einer Gesellschaftspyramide mit dem Pharao an der Spitze dar, wie die Berufe gemäß ihrem Ansehen angeordnet waren.

Baustein 6: Gesellschaft der Ägypter

Gesellschaft und Berufe

Leona Rudel, Hanau

Der Schreiber

Guten Tag,
mein Name ist Radames. Ich arbeite in einem Beruf mit Familientradition. Wie mein Vater und vor ihm mein Großvater und vor ihm mein Urgroßvater arbeite ich als Schreiber. Der Beruf selbst macht mir Freude, aber der Weg dorthin war steinig. Zwölf Jahre lang musste ich durch die harte Schule der Schreiber gehen. Das bedeutet im Klartext: unzählige Diktate mit Pinsel und Tinte auf Schreibtafeln, um ein Gefühl für mein Arbeitszeug zu entwickeln und mich in Schönschrift zu üben… was sage ich… zu perfektionieren!

Aber was soll ich euch sagen? Es hat sich gelohnt! Die zwölf Jahre waren heftig, aber dafür ist mein jetziger Job um einiges angenehmer als z. B. der eines Bauern. Ich muss keine körperlich harte Arbeit auf dem Feld bei Wind und Wetter verrichten, ich muss auch nicht in irgendeiner Schmiede mir ständig Ruß und Schweiß aus dem Gesicht wischen. Stattdessen kann ich meine ganze Zeit darauf verwenden, meinem Pharao und der Erhaltung und Ordnung des Reiches zu dienen und einen Beitrag zum Wohle der Gemeinschaft zu leisten. Und das alles in einer sauberen und angenehmen Arbeitsatmosphäre und unter den respektvollen Blicken der Bevölkerung. Außerdem stehe ich dem Pharao ganz nah, zwischen uns steht nur der Wesir, der mir sagt, was ich zu tun habe. Es wäre z. B., darauf zu achten, dass die Bauern ihre Aufgaben richtig erledigen, bzw. festzuschreiben, was diese Aufgabe sind, dass sie ihre Abgaben zum richtigen Zeitpunkt am richtigen Ort und in der richtigen Menge leisten. Ich unterstütze die Beamten darin, die Viehbestände und die Getreidevorräte zu kontrollieren, und halte alle Ergebnisse ganz genau fest. Ein weiterer wichtiger Bestandteil meiner Arbeit ist es, den Bau der Pyramiden zu überwachen und zu dokumentieren. Dann gebe ich die von mir zusammengetragenen Informationen weiter an meinen Vorgesetzen, den Wesir, der wiederum Bericht an den Pharao erstattet. War man mit meiner Arbeit zufrieden, stehen neue Aufträge ins Haus.

1. Lies den Text und markiere die Aufgabenbereiche des Schreibers.
2. Trage seine Aufgaben dann in die Tabelle auf AB 1 e in Stichpunkten ein.
3. Bereite dich darauf vor, den Beruf des Schreibers dem Rest deiner Gruppe vorzustellen.
4. Präsentiere den Beruf des Schreibers den Gruppenmitgliedern und achte darauf, dass die anderen deine Stichpunkte in die Tabelle eintragen.
5. Trage die Informationen, die du durch die Präsentation der anderen Berufe erhältst, in die Tabelle ein.
6. Begründe, welcher Beruf/welche Berufe des alten Ägyptens die wichtigsten waren. Stelle außerdem in einer Gesellschaftspyramide mit dem Pharao an der Spitze dar, wie die Berufe gemäß ihrem Ansehen angeordnet waren.

AB 1e

Baustein 6: Gesellschaft der Ägypter

Gesellschaft und Berufe

Tabelle: Aufgaben der einzelnen Berufsgruppen

Der Wesir	Der Handwerker

Der Bauer	Der Schreiber

Baustein 6: Gesellschaft der Ägypter

EH 1a–e

Gesellschaft und Berufe

1. Lies den Text und markiere die Aufgabenbereiche des Berufes.
2. Trage seine Aufgaben dann in die Tabelle auf AB 1e in Stichpunkten ein.
3. Bereite dich darauf vor, den Beruf dem Rest deiner Gruppe vorzustellen.
4. Präsentiere den Beruf den Gruppenmitgliedern und achte darauf, dass die anderen deine Stichpunkte in die Tabelle eintragen.
5. Trage die Informationen, die du durch die Präsentation der anderen Berufe erhältst, in die Tabelle ein.

Der Wesir	Der Handwerker
– setzt Befehle des Pharaos um – erstattet dem Pharao Bericht – bereist das Land, um sich einen Überblick zu verschaffen – ist Augen und Ohren des Pharaos – berät Pharao bei wichtigen Entscheidungen – kümmert sich um Abgaben und Dienste der arbeitenden Bevölkerung – fungiert als Streitschlichter	– arbeitet an den Pyramiden, Tempeln und anderen Bauwerken – Steinmetz: bringt Steine in richtige Form – verrichtet künstlerische Arbeiten – Steinmetz, Maler, Zimmermann, Maurer

Der Bauer	Der Schreiber
– pflügt, besät und erntet das Getreide auf den Feldern des Pharaos – leistet Abgaben und versorgt damit die Bevölkerung – während der Nilschwemme arbeitet er auf den Pyramidenbaustellen – repariert Bewässerungskanäle etc.	– überwacht die Arbeit der Bauern – schreibt die Aufgaben für die Bauern fest – dokumentiert Abgaben – kontrolliert Viehbestände und Getreidevorräte – überwacht und dokumentiert den Bau der Pyramiden – erstattet Bericht an Wesir

6. Begründe, welcher Beruf/welche Berufe des alten Ägyptens die wichtigsten waren. Stelle außerdem in einer Gesellschaftspyramide mit dem Pharao an der Spitze dar, wie die Berufe gemäß ihrem Ansehen angeordnet waren.
Individuelle Schülerantworten, bei denen die Begründung deutlich erkennbar sein soll und auch thematisiert wird, dass alle Aufgaben in ihrer jeweiligen Hinsicht wichtig sind, da sie ihren Teil zum Wohle der Gemeinschaft beitragen.

Rätsel — Baustein 6: Gesellschaft der Ägypter

Teste dein Wissen

Die folgenden Begriffe haben etwas mit der Gesellschaft der Ägypter zu tun. Leider sind die Buchstaben durcheinandergeraten. Schreibe die Wörter in der korrekten Schreibweise in die jeweilige Tabelle, dann kannst du das Lösungswort entziffern.

- AAHROP
- UAERMR
- NWREAKDERH
- HRCIETB
- EIBCSREHR
- SLICWENMEHM
- EITNSZMTE
- EMARL
- EUBAR
- NLÜKTESR

Baustein 6: Gesellschaft der Ägypter

Lösung

Teste dein Wissen

Die folgenden Begriffe haben etwas mit der Gesellschaft der Ägypter zu tun. Leider sind die Buchstaben durcheinandergeraten. Schreibe die Wörter in der korrekten Schreibweise in die jeweilige Tabelle, dann kannst du das Lösungswort entziffern.

PHARA**O**
MA**U**RER
HANDWERKER
BERI**C**HT
SC**H**REIBER
NILSCHWEMME
STEINMETZ
MALER
BAUER
KÜNSTLER

H	O	C	H	K	U	L	T	U	R

© Westermann Gruppe
Best.-Nr. 024743

Überblick Analyse

Baustein 7

Religion und Götter

Überblick

Dieser Baustein dient der Beschäftigung mit dem Thema „Religion und Götter". Die Schülerinnen und Schüler erkunden die Mannigfaltigkeit von Religion unter Berücksichtigung diverser Gemeinsamkeiten bzw. Ähnlichkeiten. Die Herangehensweise dieses Bausteins folgt der Idee, dass die Lernenden sich der Bedeutung von Religion – egal in welcher Ausformung – als identitätsstiftendes Moment sämtlicher Völker der Weltgeschichte im Damals und Jetzt bewusst werden.

Arbeitsblätter 1a/b
S. 100 – 101

- Die Fragestellung **Ein Glaube – ein Gott?** soll die Schülerinnen und Schüler zunächst zu einer Reflexion mit den sie umgebenden Religionen animieren. Hierfür wird zunächst ein Vergleich zwischen den drei großen Weltreligionen unternommen (**AB 1a**). Im Anschluss daran soll die Komplexität des Gottesbildes im Monotheismus am Beispiel des Islam und seiner zahlreichen Namensgebungen für Allah erarbeitet werden. Anhand von **AB 1b** erschließen sich die Lernenden die Vielfältigkeit der poltheistischen altägyptischen Götterwelt.

Arbeitsblatt 2 a – b
S. 103 – 104

- Die Überlegung **Wie ist die Welt entstanden?** soll ebenfalls die Möglichkeit eines Vergleichs zwischen den Schöpfungsgeschichten von Heliopolis (**AB 2a**) und Memphis (**AB 2b**) untereinander und dieser beiden Mythologien einerseits und den Schülerinnen und Schülern bekannten Schöpfungsgeschichten andererseits ermöglichen.

Sachanalyse

Anders als die heute unser Bild von Religion dominierenden Weltreligionen Judentum, Christentum und Islam ist die frühantike Welt gekennzeichnet durch verschiedene Glaubensrichtungen polytheistischer Prägung. Hierbei besitzt jede Gottheit einen individuellen Charakter mit unterschiedlichem Aussehen, verschiedenen Attributen, individuellen Zuständigkeitsbereichen und ganz eigenem Charakter. Zudem lassen sich drei große Gruppen von Göttern unterscheiden: Reichsgötter, lokale Götter und Hausgötter. Je nach Berechnungsweise (viele Götter wurden über die Jahre miteinander verbunden) geht die Mitgliederzahl der Götterfamilie in die Hunderte, wobei die wichtigsten Götter folgende sind: Re, Seth, Osiris, Horus, Thot, Anubis, Amun-Re als bedeutendste männliche Götter, Isis, Nephthys, Maat, Hathor als wichtigste weibliche Vertreter sowie Atum und Hapi, die oftmals als androgyne Gottheiten dargestellt werden. Religion und Staats- bzw. Gesellschaftssystem sind im alten Ägypten eng miteinander verwoben – eine Nähe, die man sich in den meisten säkularisierten oder laizistischen Staaten der westlichen Welt kaum vorstellen kann, die uns aber auch in der Moderne begegnet, wenn man an die arabische Welt denkt oder die Einheit von Staat, Land und Religion in jüdisch-israelischen Überzeugungen. Ein anderes Kernstück der antiken ägyptischen Religion ist das jedes anderen Glaubens auch: sich Unerklärliches verständlich machen und den Tod durch Vorstellungen von einem Leben danach in gewisser Form zu überwinden. Die altägyptischen Glaubensvorstellungen unterscheiden sich in vielerlei Hinsicht von dem Glauben der drei Weltreligionen, am eindrücklichsten aber in ihrer Bildhaftigkeit. Götter wurden explizit bildlich dargestellt und nicht dem Menschen und anderen Lebewesen in Art und Gestalt enthoben, sondern eher daran angelegt. Gemäß der Eigenschaften eines Gottes wurde nach Tieren oder Pflanzen

Ägyptische Götterfamilie

Kerngedanke des Glaubens

Eigenschaften der Götter

Baustein 7: Religion und Götter

Überblick Analyse

gesucht, die diese Eigenschaften widerspiegeln, diese wurden dann in das Gottesbild integriert. Dieser künstlerische Prozess zeigt, dass die Menschen sich die Gestalt der Götter ausdachten, kein Mensch maß es sich an, zu wissen, wie die Götter tatsächlich aussahen. Auch die ägyptischen Pharaonen, die als Götter schon zu Lebzeiten verehrt wurden, gaben sich Tiernamen. Um 3000 v. Chr. begann dann die Vermischung von Tier- und Menschenform zu einer Gottesgestalt. Beispiel einer solchen anthropomorphen Gottheit ist Horus, der einen menschlichen Körper und einen Falkenkopf aufweist. Die Götter waren, anders als der christliche Gott des Neuen Testaments, nicht moralisch gut und gütig. Sowohl Glück (z. B. die Nilschwemme) als auch Unglück (z. B. die Überschwemmung durch den Nil) gingen auf das Konto eines gut- oder schlechtgelaunten Gottes.

Methodisch-didaktische Analyse

Mithilfe des **AB 1a** sollen die Schülerinnen und Schüler den Unterschied zwischen monotheistischen und polytheistischen Religionen anhand der Leitfrage **Ein Glaube – ein Gott?** erfahren. Auf diesem Arbeitsblatt findet die Annäherung an die altägyptische Religion über die den Lernenden bereits bekannten drei großen Weltreligionen statt. Die Idee, Religionen als Weltanschauungen miteinander zu vergleichen, zeigt sich in der ersten Aufgabe, in der die Schülerinnen und Schüler aus ihrem Vorwissen oder durch eine Recherche Gemeinsamkeiten des Juden- und Christentums sowie des Islam herausarbeiten sollen. Aufgabe 2 zeigt bereits in die Richtung der vielen Eigenschaften und Attribute, die im islamischen aber auch jüdischen und christlichen Gottesbild auf einen Gott vereint und in der altägyptischen Religion auf verschiedene Gottheiten verteilt werden. Wichtig ist als über den Geschichtsunterricht herausragende Erkenntnis, dass die drei großen Weltreligionen denselben Gott aber unterschiedliche Bilder von ihm haben und im Gegensatz zum altägyptischen Glauben monotheistisch sind.

AB 1a
Leitfrage

AB 1b zeigt dann anhand von Illustrationen unterschiedliche altägyptische Gottheiten, denen Name, Aussehen, Zuständigkeit und Titel zugeordnet werden müssen. Hier wird den Lernenden der Unterschied zwischen christlich-jüdisch-islamischem Gottesbild und der Glaubenswelt des antiken Ägypten eindrücklich deutlich.

AB 1b

Die beiden nächsten Arbeitsblätter **AB 2a** und **AB 2b** führen in zwei altägyptische Schöpfungsgeschichten ein, einmal die von Heliopolis und zum anderen die von Memphis, und gehen der Frage nach: **Wie ist die Welt entstanden?** Die Arbeit an den Schöpfungsmythen erfolgt in arbeitsteiliger Partnerarbeit und es findet eine Übersetzung der Geschichten in eine Bildergeschichte mithilfe des **AB 2c** – einem Storyboard – statt. Dies dient der Verinnerlichung der beiden Geschichten und soll als Vorlage zur Nacherzählung frei vom Text befähigen. Nachdem sich die Lernenden in Partnerarbeit jeweils ihre Schöpfungsgeschichten vorgestellt haben, sollen sie darüber diskutieren, welche der beiden Erzählungen ihnen besser gefallen hat und dies begründen. Diese Aufgabe, genauso wie Aufgabe 5) soll dazu anregen, Aufgabe 6) auf **AB 2a** bzw. **AB 2b** vorzubereiten. Abschließend soll nämlich darüber diskutiert werden, warum es in jeder Religion Schöpfungsgeschichten gibt und ob sie heute, im Zeitalter der Wissenschaft, überhaupt noch eine Bedeutung haben. Hiermit erschließt sich den Schülerinnen und Schülern das sinn- und identitätsstiftende Moment von Religion sowie der Wunsch der Menschen, sich Unerklärliches erklären zu können.

AB 2a–b

Leitfrage

AB 2c

AB 1a — Baustein 7: Religion und Götter

Ein Glaube – ein Gott?

Das Christentum, der Islam und das Judentum sind monotheistische Religionen und das bedeutet, dass alle Gläubige der Glaube an den einen Gott eint. Allerdings unterscheidet sich die Art der Vorstellung von diesem Gott, die Art, wie man ihn anbeten soll, und die Ansicht darüber, wer der wichtigste Prophet ist. Trotzdem bezieht sich der Glaube auf ein und denselben Gott, auch wenn er in den verschiedenen Sprachen der Welt unterschiedlich heißt: Gott, God, Dieu, Allah, Jahwe und unzählige Nahmen mehr.

In der Torah, der Bibel und dem Koran gibt es verschiedene Geschichten, die über Gott, seine Wesensart und seine Zuständigkeiten berichten.

1. Liste so viele Informationen, wie du über den jüdischen bzw. christlichen bzw. islamischen Gott finden kannst, auf. Das können Geschichten oder Namen sowie Ideen von Gott sein. Welche Gemeinsamkeiten kannst du finden?

2. Im Islam hat Gott viele Namen (unten siehst du einen Teil einer arabischen Kalligraphie, der arabischen Schönschrift), die alle auf seine Wesensart schließen lassen: König/Herrscher, Verleiher des Friedens/der Sicherheit, Allmächtiger, Heiliger, Starker, Unterwerfer, Gerechter, Schöpfer, Urheber, Verzeihender, Wohltäter, Allwissender/Allweiser, Schutzherr, Liebevoller, Licht, Unabhängiger, Richter, Ernährer. Welchen dieser Namen findest du am besten? Begründe.

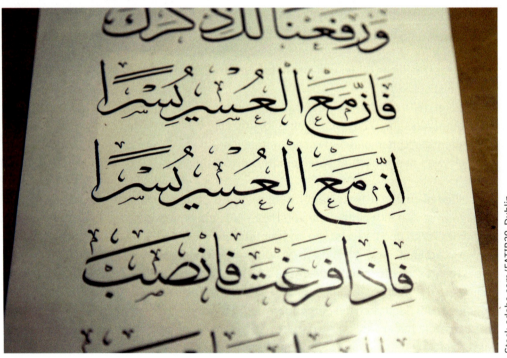

Stock.adobe.com/FATIR29, Dublin

Baustein 7: Religion und Götter

Ein Glaube – ein Gott?

Die ägyptische Religion ist eine polytheistische Religion. Das bedeutet, die Gläubigen verehren mehrere Götter, die wiederum unterschiedliche Zuständigkeitsbereiche und Eigenschaften haben. In der ägyptischen Götterwelt tummelten sich hunderte von Göttern, Dämonen und Pharaonen, die auch als Götter angebetet wurden. Ganz so leicht wie in den monotheistischen Religionen war es da nicht, den richtigen Gott für den jeweiligen Zuständigkeitsbereich ausfindig zu machen.

Iset, ein fleißiges Mädchen aus dem alten Ägypten, hat es sich zur Aufgabe gemacht, Ordnung in dieses Götterchaos zu bringen. Leider hat ihr das Schicksal, beziehungsweise eine Windböe, einen Strich durch die Rechnung gemacht.

1. Kannst du Iset weiterhelfen? Zu welchem Bild passt welche Beschreibung? Verbinde.

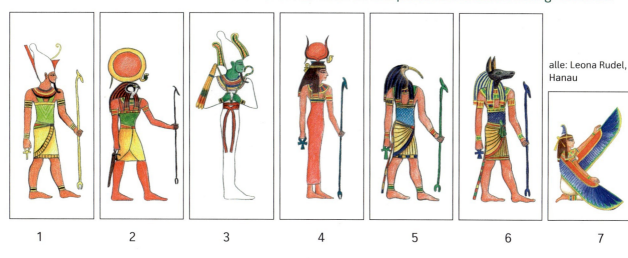

alle: Leona Rudel, Hanau

1   2   3   4   5   6   7

Name: Anubis
Aussehen: Mann mit Schakalkopf
Zuständigkeit/Eigenschaften: Einbalsamierung der Toten

Name: Atum
Aussehen: Mann mit ägyptischer Doppelkrone
Zuständigkeit/Eigenschaften: Schöpfergott

Name: Hathor
Aussehen: Frau mit Kuhhörnern und Sonnenscheibe auf dem Kopf
Zuständigkeit/Eigenschaften: Liebe, Schönheit, Tanz, Freude, Beschützerin der Frauen

Name: Maat
Aussehen: Frau mit Straußenfedern auf dem Kopf
Zuständigkeit/Eigenschaften: Wahrheit, Gerechtigkeit

Name: Thot
Aussehen: Mann mit Ibiskopf
Zuständigkeit/Eigenschaften: Gelehrte, Schreiber

Name: Osiris
Aussehen: Mumie mit Doppelkrone
Zuständigkeit/Eigenschaften: Tod, Wiederauferstehung, ewiges Leben

Name: Re
Aussehen: Mann mit Falkenkopf und Sonnenscheibe auf dem Kopf
Zuständigkeit/Eigenschaften: Sonne, Leben

EH 1 a/b — Baustein 7: Religion und Götter

Ein Glaube – ein Gott?

➡ Zu AB 1a

1. Liste so viele Informationen, wie du über den jüdischen bzw. christlichen bzw. islamischen Gott finden kannst, auf. Das können Geschichten oder Namen sowie Ideen von Gott sein. Welche Gemeinsamkeiten kannst du finden?
   - Judentum: Gott heißt Jahwe/Adonai; **Gott ist derselbe Gott, an den auch Christen und Moslems glauben**, Judentum ist die älteste **Weltreligion**, Beginn der Zeitrechnung 3761 v. Chr., Thora ist **heiliges Buch**, die zehn Gebote sind die wichtigsten Regeln, das **Gotteshaus** wird Synagoge/Tempel genannt, **Jesus** ist ein Schriftgelehrter, nicht der Messias, **Jerusalem** wird als Stadt des ersten Tempels der Juden verehrt.
   - Christentum: Gott heißt Gott; **Gott ist derselbe Gott, an den auch Juden und Moslems glauben**, Christentum ist die zweitälteste **Weltreligion**, Beginn der Zeitrechnung ist das Jahr 0 (Christi Geburt), Bibel ist **heiliges Buch**, es besteht aus dem Alten und Neuen Testament, wobei das **Alte Testament die Thora beinhaltet**, die zehn Gebote sind die wichtigsten Regeln, das **Gotteshaus** wird Kirche genannt, **Jesus** ist der Messias und Gottes Sohn, **Jerusalem** wird als Wirkungsstätte Christi verehrt.
   - Islam: Gott heißt Allah; **Gott ist derselbe Gott, an den auch Christen und Juden glauben**, Islam ist die jüngste **Weltreligion**, Beginn der Zeitrechnung ist das Jahr 622 n. Chr., Koran ist **heiliges Buch**, im Koran **finden sich viele der Personen und Geschichten, die auch die Thora und die Bibel beschreiben**, die fünf Säulen des Islam sind die wichtigsten Regeln, das **Gotteshaus** wird Moschee genannt, **Jesus** ist ein wichtiger Prophet, **Jerusalem** wird als Ort verehrt, von dem aus Mohammed in den Himmel reiste.
   - → Gemeinsamkeiten/Ähnlichkeiten sind dick gedruckt (Bsp. Gotteshaus: Alle drei Religionen haben Gotteshäuser, auch wenn diese anders genannt werden und anders aussehen.)
   - → Wichtigste Gemeinsamkeit: Alle glauben an denselben Gott, haben von ihm aber ein anderes Gottesbild.

2. Im Islam hat Gott viele Namen (rechts siehst du einen Teil einer arabischen Kalligraphie, der arabischen Schönschrift), die alle auf seine Wesensart schließen lassen: König/Herrscher, Verleiher des Friedens/der Sicherheit, Allmächtiger, Heiliger, Starker, Unterwerfer, Gerechter, Schöpfer, Urheber, Verzeihender, Wohltäter, Allwissender/Allweiser, Schutzherr, Liebevoller, Licht, Unabhängiger, Richter, Ernährer. Welchen dieser Namen findest du am besten? Begründe.
   Individuelle Schülerantworten.

➡ Zu AB 1b

1. Kannst du Iset weiterhelfen? Zu welchem Bild passt welche Beschreibung? Verbinde.

1	Atum
2	Re
3	Osiris
4	Hathor
5	Thot
6	Anubis
7	Maat

Baustein 7: Religion und Götter

Die Schöpfungsgeschichte – Wie ist die Welt entstanden?

Die Schöpfungsgeschichte von Heliopolis

In der ägyptischen Mythologie gibt es verschiedene Erzählungen davon, wie die Welt entstanden ist. Die bekanntesten sind dabei die Schöpfungsgeschichten von Memphis und die von Heliopolis. Hier kannst du die Schöpfungsgeschichte von Heliopolis lesen:

Zu Beginn der Zeit existierte kein Leben auf der Erde und es herrschte Dunkelheit. Aus dem Urgewässer Nun und seinem eigenen Willen heraus erschuf sich der erste Gott Atum. Durch seine Geburt entstand Land an der Stelle, an der er aus dem Wasser aufgetaucht war.

Atum ließ sich auf dem Land nieder und spuckte seinen Sohn, den Luftgott Schu, und seine Tochter, die Feuchtigkeit Tefnut, aus. Atum liebte seine Kinder sehr, doch eines Tages waren sie verschwunden. Atum trauerte so sehr um sie, dass er viele Tränen vergoss, aus denen die ersten Menschen entstanden.

Doch die Kinder kamen nicht wieder. Atum schickte eines seiner Augen aus, um nach den Kindern Ausschau zu halten. Das Auge war erfolgreich und fand die beiden Kinder. Doch als es zurückkam, um seinen Fund zu präsentieren, musste es feststellen, dass Atum das Auge durch ein anderes ersetzt hatte. Atum wollte das Auge beruhigen und setzte es in seine Stirn und stattete es zusätzlich mit mehr Macht aus, als es bisher hatte. An seinem neuen Platz verwandelte sich das dritte Auge in eine Kobra – die Uräusschlange – und beschützte den Schöpfergott seither vor dem Bösen. Die Schöpfung des Rests der Welt konnte beginnen!

Die Kinder Atums – Schu und Tefnut – waren mittlerweile ein Paar und bekamen zwei Kinder namens Nut und Geb. Als Schu feststellte, dass seine beiden Kinder sich liebten, so wie es seiner Frau und ihm passiert war, wollte er die beiden trennen. Er hob Nut in die Weiten des Himmels und behielt Geb auf der Erde. So wurde Nut die Göttin des Himmels und Geb Gott der Erde. Trotz dieser weiten Entfernung entstanden aus dieser Liebe vier Kinder: Osiris, Isis, Seth und Nephthys. Die Götterfamilie bestand jetzt aus neun Familienmitgliedern.

(Autorentext)

1. Lies die Schöpfungsgeschichte von Heliopolis und male die Geschichte in einem Storyboard nach.

2. Benutze das Storyboard (AB 2c), um deine Schöpfungsgeschichte deinem Nachbarn nachzuerzählen.

3. Höre dir dann die Schöpfungsgeschichte von deinem Nachbarn an.

4. Diskutiert: Welche Schöpfungsgeschichte gefällt euch besser? Warum?

5. Suche nach einer anderen Schöpfungsgeschichte (z. B. in der Thora, der Bibel oder dem Koran) und beschreibe Gemeinsamkeiten und Unterschiede dieser Schöpfungsgeschichte mit der von Heliopolis. Fertige dazu am besten eine Tabelle an mit Unterschieden und Gemeinsamkeiten.

6. Diskutiert in der Klasse darüber, warum es a) in jeder Religion Schöpfungsgeschichten gibt und ob sie b) heute, in einem Zeitalter der Wissenschaft, überhaupt noch Bedeutung haben.

Baustein 7: Religion und Götter

Die Schöpfungsgeschichte – Wie ist die Welt entstanden?

Die Schöpfungsgeschichte von Memphis

In der ägyptischen Mythologie gibt es verschiedene Erzählungen davon, wie die Welt entstanden ist. Die bekanntesten sind dabei die Schöpfungsgeschichte von Memphis und die von Heliopolis. Hier kannst du die Schöpfungsgeschichte von Memphis lesen:

Der Schöpfungsgott Ptah stieg aus dem Urwasser und brachte mithilfe seiner Zunge und seines Herzens neun Götter hervor. Warum benutzte er zur Geburt der Götter sein Herz und seine Zunge? Diese nutzte er, weil das Herz die Gedanken formte und die Zunge das aussprach, was das Herz als Gedanken geformt hatte.

Ptah gab den Göttern Namen und sagte ihnen, wo sie ab sofort wirken und wo die Menschen sie verehren sollten. Ptah war es wichtig, dass die Menschen moralischen Wertevorstellungen folgten, die er vorgab, und er kümmerte sich um die Errichtung eines politischen Systems in Ägypten, sodass das Land gut zu regieren war und reibungslos funktionierte. Die Einteilung des Landes in Bezirke soll auf eine seiner Vorgaben zurückzuführen sein.

(Autorentext)

1. Lies die Schöpfungsgeschichte von Memphis und male die Geschichte in einem Storyboard nach.

2. Benutze das Storyboard (AB 2c), um deine Schöpfungsgeschichte deinem Nachbarn nachzuerzählen.

3. Höre dir dann die Schöpfungsgeschichte von deinem Nachbarn an.

4. Diskutiert: Welche Schöpfungsgeschichte gefällt euch besser? Warum?

5. Suche nach einer anderen Schöpfungsgeschichte (z. B. in der Thora, der Bibel oder dem Koran) und beschreibe Gemeinsamkeiten und Unterschiede dieser Schöpfungsgeschichte mit der von Memphis. Fertige dazu am besten eine Tabelle an mit Unterschieden und Gemeinsamkeiten.

6. Diskutiert in der Klasse darüber, warum es a) in jeder Religion Schöpfungsgeschichten gibt und ob sie b) heute, in einem Zeitalter der Wissenschaft, überhaupt noch Bedeutung haben.

Baustein 7: Religion und Götter

Die Schöpfungsgeschichte – Wie ist die Welt entstanden?

Storyboard

EH 2 a – c   Baustein 7: Religion und Götter

Die Schöpfungsgeschichte – Wie ist die Welt entstanden?

1. Lies die Schöpfungsgeschichte von Heliopolis/Memphis und male die Geschichte in einem Storyboard nach.
   Individuelle Schülerantworten.

2. Benutze das Storyboard (AB 2c), um deine Schöpfungsgeschichte deinem Nachbarn nachzuerzählen.
   Individuelle Schülerpräsentationen in der Partnerarbeit.

3. Höre dir dann die Schöpfungsgeschichte von deinem Nachbarn an.
   Individuelle Schülerpräsentationen in der Partnerarbeit.

4. Diskutiert: Welche Schöpfungsgeschichte gefällt euch besser. Warum?
   Individuelle Schülerantworten.

5. Suche nach einer anderen Schöpfungsgeschichte (z. B. in der Thora, der Bibel oder dem Koran) und beschreibe Gemeinsamkeiten und Unterschiede dieser Schöpfungsgeschichte mit der von Heliopolis/Memphis. Fertige dazu am besten eine Tabelle an mit Unterschieden und Gemeinsamkeiten.
   - Christentum: Im Kapitel Genesis der Bibel wird beschrieben, dass Gott in sechs Tagen Licht und Dunkelheit, die Meere und das Land, Pflanzen, Sonne und Mond, alle Tiere, den ersten Mann (Adam) und die erste Frau (Eva) erschuf. Am siebten Tage hat Gott geruht
   - Judentum: Hier wird dieselbe Geschichte erzählt.
   - Islam: Muslime glauben, dass Allah Himmel und Erde, alle Tiere, Pflanzen, die Menschen und die Engel erschaffen hat. Den Menschen kommt dabei, wie auch im Judentum und Christentum eine besonders wichtige Rolle zu: Sie sollen die Erde mit all ihren Lebewesen behüten und bewahren und sich ihre Schönheit und Vollkommenheit immer wieder bewusst machen.
   - Gemeinsamkeiten: Alle beziehen sich auf einen Schöpfergott, der die Natur, den Himmel und alle Lebewesen geschaffen hat.
   - Unterschiede: Der Schöpfergott erschafft weitere Götter, Verbindung von Religion und Politik (Memphis), Menschen werden bereits relativ früh erschaffen (Heliopolis).

6. Diskutiert in der Klasse darüber, warum es a) in jeder Religion Schöpfungsgeschichten gibt und ob sie b) heute, in einem Zeitalter der Wissenschaft, überhaupt noch Bedeutung haben.
   a) Mit den Schöpfungsgeschichten wollten sich die Menschen unverständliche Phänomene wie die Entstehung der Welt erklären können; sie wollten auch eine schöne, unterhaltsame Geschichte erzählen, die eine gemeinsame Identität stiftet, sie wollten ihre Religion/ihren Gott und dessen Macht damit untermauern.
   b) Sie haben noch Bedeutung, wenn sie nicht als Gegenargument zur Wissenschaft gesehen werden, sondern die Gläubigen als Gemeinschaft durch eine gemeinsame Geschichte zusammenschweißen und außerdem einen ethischen Ansatz haben (z. B. den, die Welt zu bewahren und zu behüten).

Baustein 7: Religion und Götter

Rätsel

Teste dein Wissen

Religion und Götter

V	M	U	L	L	P	F	A	T	J	G	E	L	M	C	S	D	M	M	J
W	E	P	O	P	R	Q	K	H	X	W	I	E	W	R	J	L	M	R	I
Z	D	I	V	G	A	Y	R	H	E	L	I	O	P	O	L	I	S	L	D
O	H	A	T	H	O	R	S	L	J	P	O	W	K	P	C	C	O	T	J
D	G	S	C	H	A	K	A	L	C	N	F	Q	B	R	L	Y	I	P	K
V	O	N	V	C	X	S	P	J	T	I	J	E	L	W	J	I	L	F	U
O	F	E	N	B	T	N	M	M	X	C	S	C	T	D	M	B	R	B	X
B	L	W	H	Y	K	M	O	E	Q	E	T	W	C	C	S	I	C	K	X
T	N	F	O	I	W	O	S	I	R	I	S	E	D	Q	U	S	B	C	U
F	Y	A	L	L	L	U	P	H	N	C	M	E	M	P	H	I	S	R	C
E	J	L	O	D	O	P	P	E	L	K	R	O	N	E	I	T	A	S	G
S	T	K	W	H	G	I	J	E	L	F	I	K	E	G	H	T	N	C	D
W	M	E	D	K	B	A	T	H	O	T	O	W	X	O	Y	D	U	Q	D
Q	A	N	W	P	J	T	M	N	F	B	Y	I	B	K	N	I	B	S	Q
P	X	K	H	P	W	D	S	F	G	A	G	Q	P	K	L	T	I	K	X
R	F	O	W	K	H	V	O	T	E	G	D	A	T	U	M	G	S	U	H
W	Z	P	D	X	C	J	O	O	S	F	T	U	N	O	O	E	J	O	Y
D	F	F	U	H	D	H	D	R	P	M	A	A	T	R	E	N	U	X	Z
O	G	U	R	F	W	X	C	P	O	L	Y	T	H	E	I	S	M	U	S
I	M	I	N	Y	J	N	X	Q	S	S	A	R	E	P	Z	C	A	A	E

Dies Wörter sind versteckt:

① Hathor ② Atum ③ Anubis
④ Maat ⑤ Thot ⑥ Re
⑦ Osiris ⑧ Falkenkopf ⑨ Schakal
⑩ Ibis ⑪ Doppelkrone ⑫ Heliopolis
⑬ Memphis ⑭ Polytheismus

© Westermann Gruppe
Best.-Nr. 024743

Lösung
Baustein 7: Religion und Götter

Teste dein Wissen

Religion und Götter

V	M	U	L	L	P	F	A	T	J	G	E	L	M	C	S	D	M	M	J
W	E	P	O	P	R	Q	K	H	X	W	I	E	W	R	J	L	M	R	I
Z	D	I	V	G	A	Y	R	H	E	L	I	O	P	O	L	I	S	L	D
O	H	A	T	H	O	R	S	L	J	P	O	W	K	P	C	C	O	T	J
D	G	S	C	H	A	K	A	L	C	N	F	Q	B	R	L	Y	I	P	K
V	O	N	V	C	X	S	P	J	T	I	J	E	L	W	J	I	L	F	U
O	F	E	N	B	T	N	M	M	X	C	S	C	T	D	M	B	R	B	X
B	L	W	H	Y	K	M	O	E	Q	E	T	W	C	C	S	I	C	K	X
T	N	F	O	I	W	O	S	I	R	I	S	E	D	Q	U	S	B	C	U
F	Y	A	L	L	U	P	H	N	C	M	E	M	P	H	I	S	R	C	
E	J	L	O	D	O	P	P	E	L	K	R	O	N	E	I	T	A	S	G
S	T	K	W	H	G	I	J	E	L	F	I	K	E	G	H	T	N	C	D
W	M	E	D	K	B	A	T	H	O	T	O	W	X	O	Y	D	U	Q	D
Q	A	N	W	P	J	T	M	N	F	B	Y	I	B	K	N	I	B	S	Q
P	X	K	H	P	W	D	S	F	G	A	G	Q	P	K	L	T	I	K	X
R	F	O	W	K	H	V	O	T	E	G	D	A	T	U	M	G	S	U	H
W	Z	P	D	X	C	J	O	O	S	F	T	U	N	O	O	E	J	O	Y
D	F	F	U	H	D	H	D	R	P	M	A	A	T	R	E	N	U	X	Z
O	G	U	R	F	W	X	C	P	O	L	Y	T	H	E	I	S	M	U	S
I	M	I	N	Y	J	N	X	Q	S	S	A	R	E	P	Z	C	A	A	E

Dies Wörter sind versteckt:

① Hathor ② Atum ③ Anubis
④ Maat ⑤ Thot ⑥ Re
⑦ Osiris ⑧ Falkenkopf ⑨ Schakal
⑩ Ibis ⑪ Doppelkrone ⑫ Heliopolis
⑬ Memphis ⑭ Polytheismus